이렇게 살아도 괜찮아

# 이렇게 살아도 괜찮아

박은영 지음

마음의숲+

9

2

5

8

9

2

3

03

04

08

07

06

11

14

15

생물 과학 일러스트레이터
이소영

68

문화 기획자
김선문

92

연극 연출가
전윤환

140

맞춤 웨딩 디렉터
하찬연, 한재준

164

사회적 기업가
신윤예, 홍성재

234

음악가, 영화감독, 만화가
이랑

256

프리랜서 디자이너 듀오
박철희, 박지성

328

청년 운동가
신지예

352

# 프롤로그


〈뭐가 되고 싶니?〉

어릴 적부터 많이 들어 본 질문입니다. 피아노를 배우기 시작할
때는 피아니스트가 되겠다고 했고, 그림을 잘 그린다는 칭찬을 받을
때는 화가가 되고 싶다고 했습니다. 잠깐 수학이 재밌었을 때는
수학 선생님이 된다고도 했죠. 질풍노도의 시기였던 중학생 때 생활
통지표의 장래 희망 칸에 〈회장〉이라고 썼는데, 〈다시 한번 부모님과
진지하게 고민해 보세요〉라는 선생님의 답변을 받은 적이 있습니다.
지금 생각해 보니, 소위 말하는 대기업 대표에게만 회장이라는 말을
쓰는 건 아니잖아요.

저는 과목 중 칭찬을 가장 많이 들었던 미술 공부를 꾸준히
했습니다. 자연스럽게 예술 대학에 진학했고요. 문제는 대학 4학년
때부터였습니다. 재미만을 좇으며 어떻게 하다 보니 대학까지는
나왔지만 진지하게 〈내가 무얼 하며 돈을 벌어먹고 살지〉에 대해서는
고민해 본 적이 없었습니다. 그 흔한 〈공부 좀 하라〉는 잔소리 한번
한 적이 없던 부모님께 감사하며 살았는데, 갑자기 막연한 앞날을
맞이하자 조금 원망스럽기도 하더군요.

〈뭐가 될 것인가〉 고민하다가, 당시 좋아하던 잡지를 보며 무작정
〈잡지 에디터〉가 되겠다는 꿈을 꾸었습니다. 무슨 일을 하는지조차
제대로 알지 못하면서 단순하게 잡지에 나오는 사람을 만나고, 좋은
물건을 보고, 새로운 장소에 갈 수 있는 에디터라면 재미있게 살 수
있을 거라고 생각했죠. 운 좋게도 늘 관심을 가졌던 공예와 디자인,
그리고 리빙 관련 취재를 주로 하는 에디터가 되었습니다. 서른두
살까지는 그 일이 꽤 재미있었습니다. 문제는 그 후였지요. 당연하듯
밤을 새고 매달 돌아오는 마감 기간이면 주말에도 일하는 것에
의문이 들기 시작했습니다. 답답했습니다. 〈나는 지금 행복한가?〉
〈이 일을 통해 만족감을 얻고 있나?〉 지금껏 해온 일을 곰곰이 생각해
봤습니다. 〈내가 무엇이 되고 그 일을 하려면 어떻게 할 것인가〉에만
집중했지, 〈어떤 삶을 살고 싶은가〉에 대해 고민해 본 적은 없었던
것입니다. 다시 한번 앞이 막막했습니다. 스스로 질문을 계속
던졌습니다.

〈그래서 네가 원하는 삶이 뭔데?〉

1~2년에 한 번씩 가보고 싶은 나라를 여행하고, 평일에는 야근을
하더라도 주말에는 휴식을 보장받는 것, 글 쓰는 일을 꾸준히 하고

취미 생활을 하는 것, 그게 바로 제가 원하는 삶입니다. 이런 저를 보며 〈욕심이다〉, 〈그런 삶을 사는 사람이 얼마나 되겠니〉라며 질책하는 지인도 있었습니다. 그러게요. 여행하고 취미 생활을 하려면 돈이 있어야 할 테고 주말을 보장받으려면 신속 정확하게 일을 처리하는 능력도 갖춰야 하는데 막연하게 〈~하고 싶다〉고만 했지 이를 위한 방법은 아직 구체적으로 얘기하기가 어렵네요. 이런 고민은 저만 하는 건가요? 왜 저만 빼고 다들 즐겁게 잘 사는 것 같죠?

삶의 기준이 명확해 남의 시선에 구애받지 않고 자신이 하고 싶은 일을 하며 즐겁게 살아가는 또래들이 궁금했습니다. 직접 만나 이야기를 나누며 어떻게 먹고사는지에 대해 물어보고 싶었습니다. 그래서 찾아갔습니다. 잡지 에디터로 일하며 알게 된 창작자, 지인의 추천으로 만난 작가, 산책을 하다 발견한 작업실의 기획자 등 이들을 만나게 된 경로는 다양합니다. 분명한 건 이 책에 나온 15팀의 크리에이터들은 자신만의 독보적 능력을 갖춘, 색깔 있는 〈젊은이〉라는 것입니다.

한 명, 두 명 섭외를 시작하며 설렘이 커졌고, 이들이 만들어 온

삶의 궤적을 되짚어 보며 주요 작품과 그에 얽힌 배경에 대해서
들었습니다. 이러한 일을 위해 준비한 것, 중요하게 생각하는 것,
포기한 것에 대한 이야기도 나눴습니다. 각자의 개성만큼 드라마틱한
인생 스토리나 귀가 아주 솔깃할 만한 노하우도 기대했습니다.
스스로 자신이 무엇을 원하는지 알고 실천하며 사는 이들과 함께
지금 우리 세대가 원하고 고민하는 것들에 대해 이야기했습니다. 그
이야기들이 여기에 모두 있습니다.


　　　　　고민 많은 날에,
　　　　　박은영

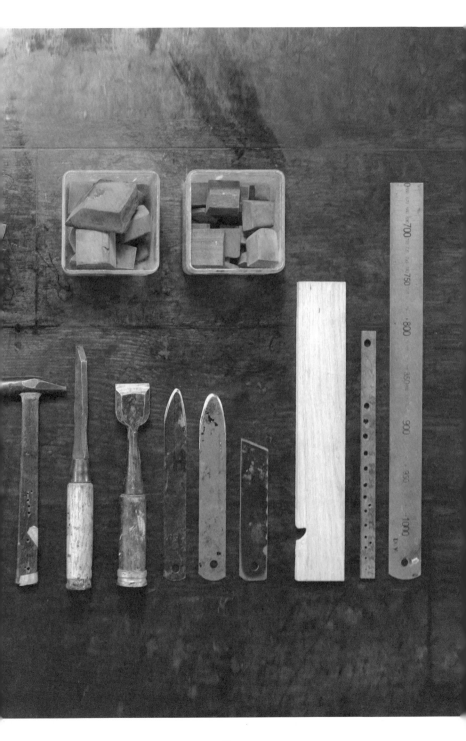

9

일러스트레이터

최지욱

2016년 여름 제20회 부천국제판타스틱영화제의 포스터를 기억한다.
야외 풀장 안으로 다이빙하는 여성과 남성의 모습이 그려진
일러스트레이션이었다. 원근감은 없지만 공간감이 느껴지고 평평한
듯하면서 입체감이 느껴지는 그림이었다. 공상 영화에 나올 법한 기괴한
분위기의 이미지를 보여 줬던 기존의 영화제 포스터와는 확연히 달랐다.
인물의 표정과 몸짓, 시공간을 초월한 듯한 배경, 화사한 색감의 포스터는
밝으면서도 기묘한 인상을 줬다. 그 분위기에 반해 컴퓨터 모니터 속 그림을
한참 동안 바라봤다. 이를 인상 깊게 본 사람이 나뿐만은 아니었나 보다.
포스터의 일러스트레이션을 맡았던 최지욱 씨는 영화제 이후 직업인으로서
일러스트레이터라 불리게 됐고 클라이언트의 입맛에 맞춘 그림이 아닌
작가의 개성을 존중해 주는 일이 들어오기 시작했다. 한마디로 설명할 수
없는 오묘함과 해석하기 어려운 이야기들로 구성된 그의 그림에는 분명
묘한 끌림이 있다.

최지욱  1986년생. 한국예술종합학교 조형 예술과에서 설치와 퍼포먼스를 공부하고
2011년에 졸업했다. 미술을 좋아하는 어린 지욱은 학창 시절부터 투잡을 목표로
인생을 설계했고 바텐더에 대한 로망을 안고 스물한 살 때부터 바에서 아르바이트를
시작했다. 상상했던 바텐더의 생활은 현실과 달랐지만 좋은 사장을 만났고 술을
좋아해 한곳에서 10년 동안 일했다. 졸업 후 방황을 하다 일러스트레이터가 되며 삶의
전환기를 맞았다. 제20회 부천국제판타스틱영화제의 메인 포스터를 그리며 유망한
신인 작가로 주목받기 시작했다. 가볍게 그리고 가볍게 살기 위해 노력한다.

## 조용하지만 강렬한 첫인상

제20회 부천국제판타스틱영화제가 여느 해와 다르게 주목을
받은 데에는 남다른 이유가 있었다. 1997년 발대식 이후 처음으로
영화제에 아트 디렉터를 영입해 심벌과 시각 아이덴티티, 부대 행사
등에 심혈을 기울였던 것이 한몫했다. 당시 영화제의 아트 디렉터로
영입된 일러스트레이터 이강훈 씨가 여러 명의 작가와 협업하며
행사를 준비했는데, 그가 몇 해 전부터 지켜보았던 유망한 신인
작가로 지욱 씨를 지목하며 영화제의 얼굴 격인 메인 포스터를
맡겼다. 이강훈 씨가 지욱 씨에게 요구한 건 단 두 가지였다. 디자인
스튜디오 fnt가 재해석한 새 심벌 〈환상 세포〉를 적극 반영할 것,
지욱 씨만의 스타일을 절대 잃지 말 것. 신인 작가에게 영화제의
메인 포스터라는 일이 부담이 됐을 법한데 평소 여러 가지 감정과
상황을 틈틈이 메모하는 습관이 있던 지욱 씨는 가볍게 툭 하고
〈다이빙〉이라는 아이디어를 내놓았다. 「다이빙하는 순간이 영원히
반복된다고 상상하면 마치 체공하는 듯한 기이한 느낌일 것 같아요.
그 기분이 판타스틱 영화제라는 제목과 잘 어울릴 것 같았어요.」 그의
설명을 듣고서야 시각적 아름다움에 홀려 바라봤던 그림의 의미를
읽을 수 있었다. 남다른 단어 해석 능력과 상상력에 매료되어 그를 더
알고 싶어졌다.

## 미비했던 시작

지욱 씨가 일러스트레이터를 본업으로 먹고산 지는 불과 3년
남짓하다. 그 이전까지는 홍대에서 바텐더를 겸했다. 그림 그리기가
생업이 될 수 없을 거라는 생각에 미대를 진학해야겠다고 마음먹은
청소년기부터 투잡 생활을 계획했다. 「어려서부터 그림 그리는 걸
좋아했고 칭찬을 가장 많이 받는 과목이 미술이었어요. 미술 공부를
더 해보고 싶어서 미대에 진학한 것이지 작가가 직업이 될 수 있다고
생각해 본 적은 없었어요. 자유롭게 그림을 그리려면 취업보다
아르바이트를 해야겠다고 생각했죠.」

한국예술종합학교 조형 예술과에 진학한 지욱 씨는 스물한 살
때부터 홍대에 있는 〈바다〉라는 바에서 바텐더로 일했다. 사교적인
성격은 아니지만 시끄러운 음악과 술김에 떠드는 사람들의 대화
소리, 낮게 내려앉은 어두운 조명의 바에서 편안함을 느꼈다. 나름의
안정과 만족을 느끼며 별 탈 없이 대학 생활을 했다. 하지만 졸업
후 지욱 씨가 맞은 건 방황이었다. 뚜렷한 목적이 있었다기보다
순수하게 미술 그 자체를 좋아했던 지욱 씨가 대학 졸업 후 할 수
있는 다음 단계는 없어 보였다. 갑자기 갈 길을 잃었다. 학교생활
내내 퍼포먼스와 설치를 주로 했던 그가 학교를 벗어나니 작업할
만한 공간이 마땅치 않았다. 더군다나 이사를 자주 다니는 세입자
입장에서 작업실은 사치처럼 느껴졌다. 사실, 공간 문제는 핑계고
본인의 생각이나 이야기를 적극적으로 표현해야 했던 전공이
정신적으로 힘들었다. 긍정적인 생각보다 비판적이고 냉소적인

성격이 부메랑처럼 돌아와 자신을 갉아먹으며 무너지는 듯한 기분을
자주 느꼈고 졸업 후에는 우울증이 찾아오기도 했다. 그래도 미술이
좋았다. 손을 놓고 싶지 않았다. 공간을 많이 차지하지 않고 바로
작업을 시작할 수 있으면서 미술이라 불리는 언저리 어디에서라도 서
있고 싶었다.

그러던 어느 날 기억에 남는 일상 속 한 장면이나 평소 짧게 일기처럼
메모해 둔 것을 이미지로 표현하고 싶은 욕구가 들기 시작했다.
가벼운 마음으로 만화를 그리듯 작은 노트에 그림을 그렸다.
평소 틈틈이 써둔 메모들을 그대로 그림으로 옮기며 생각했다.
그래, 이 일이구나. 스케치북과 물감을 놓을 수 있는 작은 책상
하나면 충분했고 재료비도 많이 들지 않는 일러스트레이터. 일단
일러스트레이터가 되면 바닥으로 떨어진 만족감과 자존감이 다시
채워질 것만 같았다. 일러스트레이터가 되기로 결심한 지욱 씨는
주변에 소문을 내기 시작했다. 행여 작심삼일이 될까 봐, 친구들과
바에 놀러 온 손님들에게 알리며 자신을 다그치도록 했다. 연말에는
그림 달력을 만들어 팔았다. 친구가 사주고 단골손님도 사줬다.
지욱 씨가 수채화 물감과 기본 브러시 툴만 사용할 줄 아는 어설픈
포토숍 실력으로 제작한 달력을 구입한 사람 중에 바의 손님이던
이강훈 씨가 있었다. 가수 윤종신 씨의 음악 프로젝트 〈월간
윤종신〉의 아트 디렉터로 신진 작가를 발굴하고 전시를 기획하던
강훈 씨가 지욱 씨의 그림을 눈여겨봤다. 가볍고 몽환적이며
건조한 분위기의 그림에서 신선함을 느꼈나 보다. 이를 인연으로

지욱 씨는 〈월간 윤종신〉의 프로젝트 공간이기도 한 평창동 카페 로브에서 일러스트레이터로 생애 첫 전시를 열었다. 그리고 2년 뒤 이 프로젝트에 참여한 작가 중에서는 처음으로 두 번째 개인전을 여는 기회를 얻었다.

## 혼신의 힘을 다하지 않는 이유

스물한 살 때부터 한곳에서 10년 동안 바텐더로 일했던 지욱 씨는 2016년에 일을 그만뒀다. 영화제 이후 밀려드는 일을 해나가기가 조금 벅찼다. 바텐더와 일러스트레이터를 병행하다 결국 체력이 고갈돼 버린 것이다. 영원할 줄 알았던 투잡 생활을 마무리하며 요즘은 일러스트레이터 최지욱의 삶에 집중하고 있다. 일도 즐겁고 그림을 통해 새로운 사람을 만나는 것도 흥미롭다. 무엇보다 일에 대한 만족감이 크다. 「설치나 퍼포먼스를 할 때는 마치 제 영혼을 갈아 넣는 기분이었어요. 스스로 작품을 검열하고 평가하고 표현하는 일을 하며 압박감이 들었는지 자주 불안하고 불행하다는 생각을 했었죠. 하지만 일러스트레이션은 가볍게 그릴 수 있고 피드백도 빠르며 많은 사람이 쉽게 접할 수 있다는 점이 재밌어요.」

일러스트레이터로 일하며 즐거움과 만족감을 모두 챙길 수 있는 지욱 씨만의 방법은 바로 〈혼신의 힘을 다하지 않는 것〉이다. 마음에 상처가 생기지 않게 자신을 지키며 지치지 않고 오래 일하기 위해 선택한 방법이다. 열정을 다하지 않는다는 말이 아니다. 기대가 크면 실망도 크기에 자신의 모든 것을 쏟아 내기보다 일에 따라 감정과 노동을 적절히 분배하는 것이다. 가볍고 빠르고 많이 그리고 혼신의 힘을 다하지 않는 것. 그림을 그리는 동안 부담을 갖지 않고 가벼워지려고 노력하는 지욱 씨의 자세는 삶을 대하는 태도와 닮았다. 어쩌면 바텐더 경력 10년 차의 인생 노하우 같기도 하다. 「바에서 일을 하다 보면 정말 다양한 사람을 만나게 돼요. 그 다양성을 경험하며 옳은 방식의 삶이라는 게 정해져 있는 것이 아니라는 걸 느꼈어요. 내가 무슨 일을 하며 어떻게 살든 나 역시 그저 각양각색의 사람 중 하나구나 싶더라고요. 내가 어떻게 살아도 괜찮다는 생각을 하면서 우울증도 극복하고 일러스트레이터가 되고자 하는 새로운 도전도 할 수 있었습니다.」

가뭄 같았던 지욱 씨의 인생에 단비가 내리기 시작했다. 영화제 이후 러브 콜을 받으며 재밌는 일거리가 늘었고 『뉴욕 타임스』와 경제 전문지 『포천』, 온라인 매거진 『잇츠 나이스 댓』 등의 해외 매체에서도 주목받고 있다. 이참에 조금 더 욕심을 내볼 수 있지 않을까 싶은데 지욱 씨는 그저 제 손안에서 갈무리할 수 있을 만큼의 작은 삶을 꾸리며 지속적으로 그림을 그리고 싶을 뿐이다. 오전 10시쯤 일어나 커피 한잔하며 메일을 확인하고 일기를 쓰고 그림을 그리고 아르바이트를 하고 좋아하는 사람과 커피를 마시며 시간을 보낸 하루라면 지욱 씨는 〈오늘 참 잘 살았다〉고 느낄 것이다. 할 수 있는 만큼 일을 하고 작은 성과에도 만족하며 사는 삶. 쓰러지지 않고 조금씩 전진하는 지욱 씨만의 삶을 누리는 방식이다.

# Q&A

2015년 망원동에 있는 갤러리 플레이스 플라크에서 두 번째 전시를
열었어요. 친구가 요즘에는 SNS로 홍보하는 것도 중요하다고 해서
인스타그램 계정을 만들어 그림을 조금씩 올렸었거든요. 이를 보고
전시를 제안해 줘서 〈진지한 낮잠〉이라는 제목으로 갤러리 안에서
하루를 보내며 그림을 그리는 퍼포먼스를 했습니다. 2016년 제20회
부천국제판타스틱영화제의 부대 행사로 진행한 특별 전시 「20/20/20」의
작가 중 한 명으로도 참여했어요. 영화제 상영작들을 테마로 20명의
일러스트레이터가 해석한 그림을 선보이는 자리였는데 저는 일본 코미디
영화 「녹차의 맛」을 보고 그렸습니다. 산간 마을을 배경으로 한 엉뚱한
가족의 이야기를 그린 영화예요. 바둑판, 철봉, 액세서리함 등의 다양한
오브제를 넣어 〈책가도〉처럼 구성했어요. 그림의 의도에 대해 설명하기는
조금 조심스럽고 어려워요. 제가 다른 작가의 작품을 볼 때 그 사람의
의도를 고려하며 감상하지 않거든요. 그렇기 때문에 저 또한 상대방에게
저의 의도를 군이 설명하려 하지 않습니다. 제가 무엇을 의도했든
상대방이 그렇게 느끼지 못하면 의미가 없잖아요. 각자의 해석에 맡기고
싶어요.

그렇다면 가장 공을 들여 그린 그림을 꼽으라면?

대부분 스케치에 공을 많이 들이고 본격적인 작업에 들어가면 시간을
끌지 않는 편이에요. 시간을 길게 쓰면 지치고 지겨워지고 오히려
망가지기도 하거든요. 가급적 가볍게 빨리 그리려고 합니다.

설치, 퍼포먼스를 전공했는데 일러스트레이터가 되기 위해 어떤 준비를
했나요?

주로 손으로 그림을 그려서 특별히 무언가를 배우거나 준비한 건 없어요.
제대로 다룰 줄 아는 프로그램도 없었고요. 스케치북에 그린 그림 중
마음에 드는 걸 포토숍으로 옮기는데 이때도 브러시, 지우개 정도의 기본
툴만 사용했었죠. 제가 능수능란하게 프로그램을 다루지 못해 평평한
느낌의 그림 스타일이 나온 건지도 모르겠어요.(웃음)

그림 소재는 주로 어디에서 얻나요?

제가 평소에 일기를 쓰고 끼적이는 걸 좋아해요. 대부분 제 메모에서
스케치가 출발합니다. 사물에 대한 생각을 자주 하는 편인데, 그러고
보니 대학교 때 퍼포먼스를 고민할 때도 주로 사물에 대해 이야기했네요.
인간을 사물에 빗대어 어떻게 이야기할까를 고민하는 편이에요.

지욱 씨의 그림을 예로 들어 자세히 설명해 주세요.

「플러피 파이팅」은 싸움이라는 명사의 성질과는 어울리지 않지만
〈위협적이지 않은〉, 〈귀여운〉, 〈무게감이 없는〉 느낌을 주고 싶었어요.
마치 베개 싸움처럼요. 몽환적이면서도 귀여운 그림이라고 생각하는데
사람들은 무섭다고 하더라고요. 냉장고 안에 입김을 불어넣는 그림은
사물과 사람의 관계처럼 무언가 관계를 맺을 수 없는 것과 관계를 맺으려
할 때의 상황을 표현한 거예요. 따뜻한 입김이 냉장고의 냉기와 만나면
입김은 위로 올라가는데 차가운 공기는 밑으로 내려가려고 하는 거죠.
서로 만나기 위해 계속 시도하지만 닿을 수 없는 상황을 표현한 거예요.

메모를 자주 많이 하는 것 같아요.

스케줄 정리, 일기, 스케치, 간단한 메모 등 용도에 따라 노트를 구분해

쓰고 있어요. 어릴 적부터 기록하는 게 취미였어요.

메모하는 습관을 보면 꼼꼼하고 부지런할 것 같아요.

전혀 그렇지 않아요. 게을러서 하는 거예요. 제가 전혀 기억을 안 하는 편이거든요. 지나간 일은 빨리 잊고 마음 편히 있고 싶어서 메모를 하는 거예요. 그런데 기록이 습관이 되다 보니 기억력이 안 좋아지는 것 같더라고요.(웃음)

작가의 개성을 유지하면서 클라이언트의 요구에도 맞춰야 하는 작업이라는 점에서 일러스트레이터라는 직업이 쉽지 않은 일인 것 같아요. 지욱 씨는 그 간극을 어떻게 조율하나요?

저는 자아가 강한 편이 아니라 정체성을 드러내야 하는 게 오히려 부담스러울 때가 있어요. 누군가의 의뢰를 받거나 제약을 받을 때 그림 그리기가 훨씬 수월해요. 예를 들어 꽃이 들어가면 좋겠고 전체적으로 붉은 톤으로 해달라는 식의 주문이 있는 게 좋아요. 클라이언트가 제약을 주지 않을 경우에는 스스로 그림의 제약 리스트를 만들기도 합니다. 자아와 그림을 조금 분리시켜 그릴 때 편안함을 느끼는 편이라 그 간극에 서 있는 것을 좋아합니다.

한곳에서 오랜 시간 아르바이트를 했어요. 좀 더 안정적인 생활을 위해 취업을 생각해 본 적은 없나요?

친구들이 저보고 의외로 회사 생활이 잘 맞을 수도 있다며 취업을 권한 적이 있었죠. 겪어 보지는 않았지만 회사 생활이 전혀 즐겁지 않을 것 같았어요. 그 고민을 할 시간에 취업하지 않고도 살 수 있는 방법을 모색하는 게 시간을 절약하는 현명한 방법이라고 생각했어요.

투잡 생활이 목표라고 했는데 지금은 일러스트레이터로만 활동하고 있죠. 이처럼 생각지 못하게 인생의 계획이 바뀔 수도 있는데 미래가 불안하지는 않으세요?

나이를 먹을수록 체력이 예전만큼 따라주지 못한다는 건 생각지도 못했어요. 계산 착오였죠. 그래서 요즘 체력을 키우기 위해 운동을 알아보고 있어요. 지금껏 안정적으로 살아 본 적이 없어서 불안정한 삶에 대한 두려움이나 걱정도 없습니다.

지욱 씨가 생각하는 안정적인 삶, 행복한 삶이란 무엇인가요?

하루하루를 계획할 수 있는 삶. 내일을 생각하지 않고 오늘을 즐겁게 살고 싶어요. 현실 감각이 조금 떨어지는 소리 같죠?(웃음) 저는 작은 것에도 쉽게 만족하는 성격이에요. 아침에 일어나 햇빛을 보고 수첩에 낙서하고 좋아하는 사람을 만나 커피를 마시는 것만으로도 만족을 느낍니다. 제가 바에서 오랫동안 일을 하면서 몇몇 사람을 오랜 시간 지켜보게 되는 경우가 있었어요. 암흑 길을 걷던 사람이 새로운 걸 시작하며 활기찬 모습을 볼 때 괜히 저도 행복해지기도 해요. 제가 입버릇처럼 하는 말이 있어요. 〈나는 되게 잘 살고 있는 것 같다.〉 진짜 잘 살아서 하는 말이 아니고 만족감에 대한 수치가 워낙 낮아서인 것 같아요.

앞으로 일러스트레이터로서, 이 시대의 젊은이로서 어떤 삶을 살고 싶나요?

지금 하는 일이 너무 좋고 하고 싶은 일도 많이 생겼어요. 기회가 된다면 책을 내보고 싶어요. 해외 작가 레지던스 프로그램에도 참여해 보고 싶습니다. 특히 아이슬란드에 가보고 싶어요. 한 번도 본 적 없거나 상상하기 어려운 자연 경관을 경험해 보고 싶은데 화산과 얼음이 공존하는 아이슬란드의 풍경 사진을 보며 직접 가보고 싶어졌어요.

그리고 가능하다면 큰 고민 없이 별생각 없이 살고 싶습니다. 생활비가
부족하면 아르바이트를 하면서라도 흔들림 없이 그림을 그리며 지금처럼
살고 싶어요.

마지막으로 자신이 무엇을 하고 싶은지 갈피를 못 잡는 이에게 한마디
전한다면?

하고 싶은 일이나 좋아하는 일을 스스로 못 찾고 할 수 없는 것이 개인의
잘못만은 아니라고 생각해요. 지금 우리가 살고 있는 사회는 효율적이지
않은 일에 시간과 에너지를 쓰는 것에 관대하지 못한 것 같습니다.
그럼에도 자신의 일을 찾는 방법은 무엇이 진짜 나에게 중요하지 않은
지부터 하나씩 덜어 내는 거예요. 그러다 보면 마지막으로 남는 무언가가
있을 거예요. 저는 그게 미술을 포기하지 않겠다는 마음이었어요.

지욱 씨의 그림 「완전히 조각되지 못한 얼굴」.

작은 테이블 하나만 있으면 언제든 편히 그림을 그릴 수 있도록 구성한 지욱 씨만의 일러스트레이션 세트.

평소 일기를 쓰고 끼적이는 걸 좋아하는 그가 들고 다니는 작은 스케치북과 노트들.

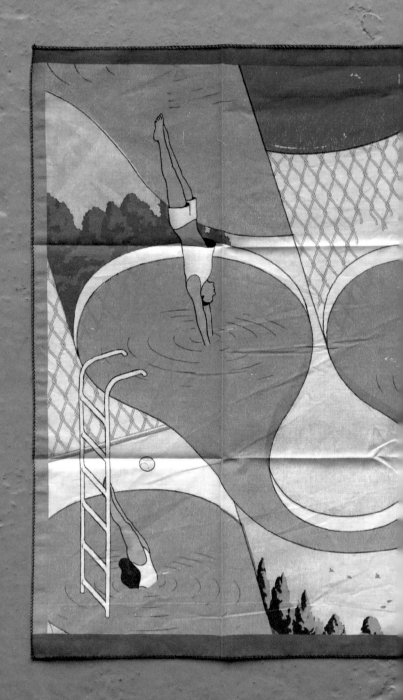

TOWER
OF
HATS

떠오르는 단상들을 기록해 놓은 그림 노트.

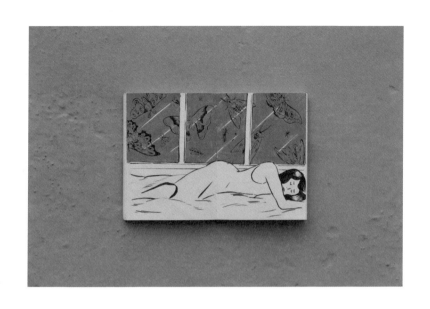

*2*

보트 제작자

최윤성, 최윤복

유행은 사라지고 되돌아오기를 반복한다. 문화는 유행과 반대로 한 사회의 개인이나 집단이 배우고 전달받으며 켜켜이 쌓아야 완성된다. 놀이도 문화다. 즐거움을 동반하는 자유로운 활동의 놀이 문화는 여느 문화처럼 시대에 따라 배우고 전달받으며 진화를 거듭한다. 최윤성, 최윤복 형제가 만든 레저 선박 브랜드 〈와이크래프트보츠〉를 주목하는 이유는 국내 놀이 문화를 한층 더 풍성하게 만들려는 이들의 새로운 시도와 시대에 맞게 가업을 잇기 위한 남다른 방식 때문이다.

최윤성(왼쪽) 1981년생. 홍익대학교에서 조소를 전공했다. 〈기억〉을 주제로 제작한 배 모양의 조형물이 계기가 되어 직접 탈 수 있는 배를 만들고자 미국의 랜딩 스쿨에 입학했다. 배 만들기를 전문적으로 배운 뒤 속초로 돌아와 아버지가 운영하는 칠성 조선소 한편에 작업실을 열고 레저 선박 브랜드 와이크래프트보츠를 론칭했다. 레저 선박 전문 디자이너 겸 노동자로 카누, 카약의 디자인과 제작을 맡고 있다.

최윤복(오른쪽) 1982년생. 대학교에서 중국학을 전공한 뒤 중국 유학을 다녀와 이주민 인권 단체에서 3년간 일했다. 이주 노동자의 노동, 산재, 임금 문제 해결, 자립 지원 등에 관한 일을 했다. 와이크래프트보츠의 노동자 겸 기획, 운영을 담당하며 브랜드를 이끌던 그는 2016년 퇴사 후, 속초에서 게스트 하우스 겸 서점 〈완벽한 날들〉을 운영하고 있다.

## 새로운 놀이의 발견

몇 해 전부터 아웃도어 열풍이 불며 서핑이 주목받기 시작했다.
계절 스포츠를 한번 즐겨 보고 싶었고 유행에 민감한 젊은이처럼
그 흐름에 편승해 보고자 해양 스포츠에 관심을 갖던 차에 카누,
카약을 만드는 레저 선박 브랜드 와이크래프트보츠를 알게 됐다.
국내에서는 다소 생소한 카누, 카약을 수작업으로 제작한다는 말에,
60여 년의 세월을 품은 조선소를 작업장으로 사용한다는 배경에, 잘
알려지지 않은 분야인 만큼 열악할 것 같은 이 환경에 뛰어든 이들의
이야기가 궁금했다.

속초를 무대로 활동하는 최 씨 형제와의 첫 만남은 운 좋게 서울에서
성사됐다. 마침 서울 여의도 한강에서 열리는 해양 스포츠 레저
교실의 참가자로 와이크래프트보츠의 카누, 카약을 들고 직접
서울을 방문했기 때문이다. 이날 날씨가 퍽 좋지 않아서인지, 행사가
잘 알려지지 않아서인지, 사람들이 레저 선박에 대해 잘 몰라서인지
방문객의 수를 한눈에 셀 수 있을 만큼 행사장은 한가로웠다. 마른
체격에 키가 큰 동생 윤복 씨가 먼저 다가와 조심스러운 어조로 말을
건넨다.「혹시 카누, 카약을 본 적 있으세요?」경험해 본 배라고는
유람선이 전부인 나는 MBC 방송 프로그램인 〈무한도전〉에서

특집으로 했던 경기에서 본 것 같다고 말했고 이 대답이 정말 바보 같았다는 것을 알기까지 오랜 시간이 걸리지 않았다. 〈대부분의 사람이 그렇게 대답하더라고요. 카누, 카약에 대해 모르는 분이 많다는 뜻이겠죠〉라며 그가 제대로 설명해 준다. 무한도전에서 본 배는 조정이라는 것으로 슬라이딩 시트에 앉아 몸을 뒤로 잡아당기며 노를 젓는 방식이라면, 카약은 배의 가운데에 있는 동그란 구멍 속에 발을 뻗고 하반신을 파묻듯이 앉는 배다. 카누는 통나무배를 떠올리면 이해가 쉽다. 두 개의 노를 이용하며 주로 잔잔한 강가에서 이용한다. 카약이 카누보다 몸통이 날렵하게 생겼고 하반신을 덮어 주어 파도가 치는 바닷가에서 탈 수 있다는 점이 눈에 띄는 차이다. 조정이 빠르기를 다투는 경기용 배라면 카누, 카약은 경기뿐 아니라 물놀이를 위한 레저용으로도 사용할 수 있다.

현대 사회를 여가 사회라고 부를 만큼 레저 문화에 대한 관심이 높아지고 있다. 하지만 많은 사람이 조정과 카누, 카약을 제대로 구분하지 못할 만큼 레저 선박을 이용한 놀이의 즐거움을 아는 이는 드물다. 와이크래프트보츠의 디자인과 제작을 맡고 있는 디자이너이자 형 윤성 씨는 이러한 놀이 문화가 아직 시기상조일지 모르지만 미래의 레저 문화로 가능성이 있고 무엇보다 배를 타는 즐거움, 직접 만들어 사용하는 재미를 많은 사람에게 알리고 싶어서 발 벗고 나선 것이라고 한다. 백문이 불여일견. 윤성 씨가 말하는 뱃놀이의 즐거움을 직접 경험해 보고자 와이크래프트보츠의 작업실이 있는 강원도 속초 청초호를 찾았다.

속초 시외버스 터미널에서 내려 택시를 타고 10분 정도 달리면 와이크래프트보츠의 작업실 겸 그 전신이자 회사명이기도 한 〈칠성 조선소〉가 나온다. 1950~1960년대의 영화 세트장 같은 풍경이 인상적인 곳이다. 오래된 건물과 기름때 묻은 기계, 세월이 느껴지는 칠성 조선소의 간판 필체가 눈길을 끄는 이곳의 역사는 최 씨 형제의 할아버지 최칠봉 씨부터 시작된다. 할아버지가 6.25 전쟁 발발과 함께 피난을 내려온 부산에서 배 목수로 일했고 휴전 협정이 이루어진 1953년, 형제와 친척들과 함께 속초를 정착지로 삼고 청초호 일부를 개간해 칠성 조선소를 세웠다고 한다. 지금은 서울에서 대학을 졸업하고 자동차 회사에 다니던 아버지 최승호 씨가 뒤를 이어 칠성 조선소를 운영하고 있다. 최 씨 형제가 어렸을 적에는 조선소 안에 집이 있던 터라 자연스럽게 조선소는 이들의 놀이터이자 삶터가 되었다. 그렇다고 아버지가 가업을 이은 것처럼 자신들이 배와 관련된 일을 할 것이라고 생각해 본 적은 없었다. 목선이 FRP(섬유 강화 플라스틱)선으로 대체되면서 칠성 조선소는 더 이상 배를 만들지 않고 수리 조선소로 겨우 명맥을 이어 갔으며 양식업의 확산, 어업 규제 강화 등으로 조선업은 쇠퇴하여 사양 산업으로 기울고 있었기 때문이다. 속초의 젊은이들은 대도시로 일자리를 찾아 떠났고 두 형제 역시 서울에서 공부를 하고 그곳에서 정착할 줄 알았다. 하지만 최 씨 형제는 이내 배를 만들기 위해 고향으로 돌아왔다.

## 레저 문화를 생산하는 조선소

배를 함께 만들자고 먼저 제안한 이는 조소를 전공한 형 윤성 씨다. 「2006년쯤 문래동에 작업실을 두고 만들기에 열중한 적이 있어요. 그때 〈기억〉을 주제로 조형물을 만들었는데 망설임 없이 배를 소재로 한 작품을 제작했습니다. 배를 만들기 위한 구조나 재료 등에 대한 사전 조사를 전혀 하지 않고 오로지 제 기억 속의 배를 떠올리며 형태를 만들었어요. 작업실 주변에 버려진 나무 더미를 주워 와 몇 달에 걸쳐 작품을 완성했습니다. 어릴 적 조선소에서 뛰놀며 나무배가 만들어지는 과정과 완성된 배가 수면 위로 미끄러져 나가는 모습을 지켜볼 수 있었어요. 이러한 기억 때문인지 제가 완성한 배를 직접 타보고 싶다는 열망이 강하게 들더라고요.」 배를 향한 윤성 씨의 강렬한 끌림은 주체할 수 없었고 전문적으로 배를 만들어 보고자 결국 미국 유학길에 올랐다. 미국 북동쪽 메인주에 위치한 랜딩 스쿨에서 목선 공정과 디자인, 복합 소재 등 배를 만들기 위한 이론과 실기를 체계적으로 공부한 뒤 2013년 속초로 돌아와 서울에서 일하고 있던 동생에게 함께 배를 만들 것을 권했다. 중국학을 전공하고 이주민 인권 단체에서 일을 하던 윤복 씨는 회사 생활 3년 차에 접어들 때쯤 진로에 대한 고민을 다시 하고 있었다. 이때 마침 미국 유학에서 돌아온 형이 제안한 가족 사업을 거절할 이유가 없었다. 형처럼 배를 만들지는 못하지만 형 못지않게 뱃놀이의 매력을 충분히 알고 있었기 때문이다.

윤성 씨와 윤복 씨의 돌림자 〈윤〉의 영문에서 따온 〈Y〉에

수공예로 만든 배라는 뜻의 크래프트 보츠를 더해 만든 이름인
와이크래프트보츠는 2014년 칠성 조선소 한편에 자리를 잡았다.
1층과 2층으로 나눈 작업실은 배를 만들기 위한 각종 도구가 있는
공간과 회의, 미팅 등의 사무 업무를 볼 수 있는 곳으로 구성되어
있다. 1층에서는 주로 윤성 씨가 주축이 되어 배를 만들고 윤복 씨가
보조한다. 2층에서는 회사 경험이 있는 윤복 씨가 서류를 정리하고
사업 계획을 세운다. 윤성 씨가 우스갯소리로 자신을 블루칼라,
동생을 화이트칼라라고 생각하면 각자 역할에 대한 이해가 쉬울
것이라고 설명을 보탠다.

와이크래프트보츠는 튼튼하고 아름다운 레저용 배를 만든다.
제대로 잘 만드는 건 기본, 뱃놀이의 즐거움을 알리고 좋은 색감과
디자인으로 소유하고 싶은 배를 만들기 위해 노력한다. 자동차
외형을 만들 때 쓰는 진공 성형이 카누, 카약 제작에도 적용되기
때문에 제작 과정이 만만치 않아 형제 간 협업이 꼭 필요하다.
뱃놀이의 즐거움은 아웃도어 교육을 전문으로 다루는 기관과
손잡고 워크숍을 통해 알린다. 사실 이보다 와이크래프트보츠가
궁극적으로 전하고 싶은 것은 아이와 부모가 직접 배를 만들고
타보는 경험을 제공하는 일이다. 여기에는 어려서부터 그림을
그리고 만들기를 좋아했던 윤성 씨가 학창 시절에 경험한 교육의
아쉬움을 풀어 보고 싶은 바람이 담겨 있다. 「미국 유학 중 인상
깊었던 것이 아이와 부모가 뒷마당에서 배를 뚝딱뚝딱 만들어 집
근처 호수에서 타고 노는 장면이었어요. 이것이야말로 진정한 현장

학습이라고 생각했죠. 보수적인 성향의 저희 부모님께서는 미술은 타고난 사람만 하는 것이고 졸업하고도 배고픈 직업뿐이라며 반대가 심하셨어요. 문과, 이과 학생들이 하는 공부만이 좋은 직업을 선택할 수 있는 것이라고 믿으셨죠. 결국 제가 원하는 대로 미대에 진학하긴 했지만 만약 어린 시절 무언가를 직접 그리고 만들어 본 경험을 해봤다면 노동을 통한 배움 또한 값진 일이라는 것을 좀 더 빨리 알았을 거예요. 어린이들에게 여러 가지 경험을 제공해 직업을 선택할 수 있는 폭을 넓혀 주는 것이 중요하다고 생각합니다.」

레저 선박을 통해 놀이 문화의 새 가능성을 열고 개척하려는 이들의 의도와 시작은 좋았다. 조선소를 운영하는 아버지 덕분에 공간을 어렵지 않게 구할 수 있었고, 배 만드는 공정 과정이나 재료를 다루는 기술은 미대에서 배운 것과 비슷했으며, 서로의 사정을 잘 아는 형제가 합심했으니 난관에 부딪힐 일이 크게 없었다. 하지만 첫 배를 하나 완성하기까지 1년간 시간을 투자하면서 문제점이 나타나기 시작했다. 국내에서는 스테인리스 재질의 나사 같은 아주 기본적인 부품조차 구할 수 없어 전부 수입에 의존해야 했다. 사정이 이렇다 보니 첫 배가 완성되기까지 많은 시간이 필요했고 그간 일정 수입이 없어 중소기업 진흥공단의 R&D(연구 개발) 사업을 통한 지원에 의지해 어렵게 생활을 견뎌 내야 했다. 다행히 인고의 시간은 값진 결과물로 보상받았다. 레저 장비 지원 사업을 통해 초경량 카누, 카약을 개발한 것이다. 좋은 배를 만들어 잘 버티면 언젠가 좋은 결과가 있을 거라던 이들의 노력과 인내가 빛을 발한 순간이다.

레저 선박의 매력은 직접 경험해 봐야 알 수 있다. 초보자에게는 하반신을 고정하는 카약보다 몸을 자유롭게 하고 짝을 이루어 노를 젓는 카누를 추천한다. 형제의 안내에 따라 구명조끼를 입고 청초호 위에 와이크래프트보츠의 카누 한 대를 띄웠다. 중심을 잡고 앞으로 천천히 노를 저으니 배가 물살을 가르며 나아간다. 물에 빠질까 염려했던 마음은 어느새 사라지고 하나의 떠다니는 섬처럼 청초호를 누비는 내 모습이 그저 신기하다. 잔잔한 물결과 귓가를 스치는 바람 소리를 듣노라니 마치 숲속을 산책하듯 마음이 평온해진다.

60여 년의 역사를 지닌 칠성 조선소는 현재 최윤성, 최윤복 형제에 의해 큰 전환점을 맞이하고 있다. 와이크래프트보츠 론칭 이전의 칠성 조선소는 배를 만들거나 고치는 조선소의 역할 그 자체로만 기능했다면, 지금은 레저 선박이라는 새로운 콘텐츠의 문화를 만들며 브랜드로써 진화하고 있다. 「우리에게 아직 배가 낯선 건 사실이에요. 배라고 하면 많은 사람이 어선, 유람선, 래프팅, 요트 정도를 생각해요. 물론 국내에서도 카누, 카약을 즐기는 동호회가 있긴 하지만 소수예요. 레저 선박이 부유한 사람만 소유하는 문화라는 인식의 오해를 풀고 레저 문화의 다양화와 즐거움에 한몫 거들고 싶습니다.」 오랜 시간과 노력 끝에 품질 좋은 배가 완성되었으니 이제 알리는 일만 남았다는 윤복 씨의 말이다.

적극적 홍보를 통해 와이크래프트보츠와 레저 선박의 매력을 알리는 것이 앞으로 이들이 해야 할 일. 하지만 단순히 유명해지고 유행이 되는 것을 바라지는 않는다. 다소 시간이 걸리고 돌아가는 길이더라도 레저 선박이 누구나 즐길 수 있는 놀이 문화가 될 수 있도록 주변 환경과 흐름에 맞춰 천천히 전진해 나갈 것이다.

## Q&A

카누, 카약의 매력에 대해 한 말씀 해주세요.

윤성 개인적으로 배를 만드는 것 자체가 재밌어요. 그래서 일하는 게
즐겁고요. 기술을 가지고 무언가 만들 수 있다는 게 굉장히 멋있는
일이라고 생각해요. 한국에서는 기술직을 저평가하는 경향이 있어요.
몸과 머리가 함께 따라 줘야 가능한 일인데 말이죠.

윤복 노를 저어 배를 타본 사람이라면 공감할 거예요. 물이 맑으면 물속이
다 들여다보여서, 무섭고 더러우면 탁한 풍경 때문에 무서워요. 중심을 잘
잡지 못해 배가 뒤집어질까 봐 걱정도 돼요. 이러한 두려움을 이겨 내고
노를 저으며 물 위를 미끄러지듯 나아갈 때 자신의 한계를 극복한 것 같아
기분이 참 좋아요. 마치 자전거를 처음 배웠을 때의 기분이에요. 수면과 내
몸이 불과 2~3센티미터 떨어져 있는 게 신기하고요.


아버지가 그러했듯 칠성 조선소의 업을 이어받을 생각은 없었나요?

윤복 칠성 조선소에 더부살이를 하는 덕에 좋은 배를 만드는 데 집중할
수 있었어요. 하지만 가업을 잇는 건 어려워요. 속초 어민의 수가 줄어든
만큼 칠성 조선소의 일도 줄고 있어요. 자연스럽게 수요가 없으니 공급도
줄 수밖에 없는 상황이죠. 칠성 조선소의 역사는 잇되 시대에 맞는 배를
만드는 게 옳은 방법이라고 생각합니다. 조선소는 조선소대로 유지하면서
조금씩 서비스의 대상자를 바꾸는 거죠. 와이크래프트보츠처럼 도전을
거듭하는 것이 가업을 지키는 방법 중 하나라고 생각해요.


카누, 카약 외에 만들어 보고 싶은 배가 있나요?

윤성 캠핑족을 눈여겨보고 있어요. 대부분의 국내 캠핑은 텐트 치고 먹고
자고 산책 정도의 단조로운 휴식 활동이 전부인 것 같아요. 여기에 카누,

카약 등을 이용한 물놀이를 더하면 캠핑의 재미가 배가 될 것 같아요.
간편하게 이동할 수 있도록 접이식 배가 있으면 좋겠어요.
윤복 다이버나 낚시꾼을 위한 배를 만들면 좋을 것 같아요. 이러한
수요층은 이미 충분히 형성되어 있으니까요.

브랜드를 준비하고 운영하며 어려웠던 점이 있다면?

윤성 저희 둘 다 결혼을 했고 아이가 있는데 레저 선박의 수요가 적다
보니 아무래도 경제적으로 풍족하지 못해요. 시스템을 잘 갖춘 회사가
아니라 일당백을 해야 하고요. 자재 역시 국내에서 구하기 어려워 수입에
의존해야 하는 것도 어려운 일 중 하나입니다. 시간이 지체되더라도
조금씩 천천히 정비해 나가는 중이에요.

형제라서 좋은 점과 불편한 점이 있다면요?

윤성 가족이니까 믿고 의지할 수 있어서 좋습니다.
윤복 아무리 가까운 사이라도 하루 종일 붙어 있으면 불편한 점이
있잖아요. 저는 오히려 가족이기 때문에 남을 대하는 것보다 더
조심스러운 것 같아요. 문제점이 생겼을 때 가족이기 때문에 어렵기도
하고 의지가 되기도 합니다.

아파트 생활이 많은 국내 주거의 특성상 배 한 척을 소유하고 보관하기란
쉽지 않을 것 같아요. 와이크래프트보츠가 성장하는 데도 한계가 있지
않을까요?

윤성 와이크래프트보츠의 성공 여부를 환경에 탓할 일은 아닌 것
같습니다. 예를 들어 캠핑용 트레일러나 카라반은 2주 이상 장기 휴가가
가능한 유럽, 미국에서나 유용하지만 국내에서도 수요가 증가하고
있잖아요. 주차장의 애매하게 비어 있는 구석 공간을 활용해 카누,

카약을 보관하는 사람도 있고 한강이나 선착장 근처에 있는 장기 보관 서비스를 활용하는 방법도 있으니 환경이 저희에게 걸림돌이 될 것 같지는 않습니다.

와이크래프트보츠의 보트 한 대를 만드는 데 드는 시간과 제품 가격이 궁금하네요.

윤성 디자인을 한 후 원형 틀을 제작하고 부품을 구입하는 데까지는 다소 많은 시간이 필요하지만 이 모든 것이 결정되면 일주일에 한 대 정도 제작이 가능합니다. 약 200만 원대부터 500만 원대까지 소재에 따라 가격이 달라요. 여기에 개인적으로 구명조끼, 패들(노) 등을 더하면 예산이 올라가겠죠. 어떤 자전거 마니아는 저희 카누, 카약의 가격이 생각보다 저렴하거나 합리적이라고 하더라고요.

레저 선박 문화에 대한 기대가 있다면?

윤복 나무배를 만드는 분 중에 88 서울 올림픽 때 자신이 처음 국내에 레저용 카누, 카약을 선보였다고 해요. 그때 주변 사람들이 앞으로 레저 선박이 주목받을 거라며 응원했다는데 지금도 여전히 어려운 형편이라고 해요.(웃음) 좋은 자전거를 즐겨 찾는 사람이 많아진 최근에는 앞으로 각광받을 차세대 레저 스포츠는 선박일 거라며 많은 분이 응원해 주세요. 잘 만들어서 잘 버티면 언젠가 좋은 때와 맞물려 성장할 수 있을 거라고 기대합니다.

와이크래프트보츠가 그려 나갈 미래가 궁금합니다.

윤성 꾸준히 좋은 배를 만들어 선보일 거예요. 개인적으로 어린이들이 배를 만들고 타볼 수 있는 워크숍을 열고 싶어요. 배를 만들 때 많은 노동을 필요로 하는데, 이를 통해 기술직이 값지고 멋있는 직업이라는 것을 알려 주고 싶습니다.

윤복 레저 선박 브랜드로 살아남기 위한 노력을 계속하고 있을 것 같아요. 첫 배가 완성되기까지는 모든 것이 새롭고 재밌기만 했는데, 브랜드가 살아남으려면 잘 만들기만 해서는 안 될 것 같아요. 가끔 야생에 덩그러니 놓인 기분이 들 때가 있거든요. 풀을 뜯고 있는 사슴의 모습이 우리 눈에는 아름다워 보이잖아요. 하지만 사슴은 육식 동물에게 잡아먹힐 수 있다는 걸 알면서도 생존을 위해 어쩔 수 없이 그 환경을 선택한 거잖아요. 브랜드 론칭 초기에는 저도 형처럼 어린이들에게 경험을 선물해 주고 싶은 마음이 컸는데 지금은 그보다 브랜드가 살기 위한 현실적인 방법을 모색하려고 합니다.

1953년 최 씨 형제의 할아버지가 세운 칠성 조선소는 예전 모습을 그대로 유지한 채 수리
조선소로 명맥을 이어 가고 있다.

직접 만든 배를 시험해 보기 위해 힘을 합쳐 카약을 운반 중인 윤성 씨와 윤복 씨.

에폭시, 조색제, 접착제 등의 독한 물질을 사용하는 작업 과정에서 공업용 장갑은 필수다.

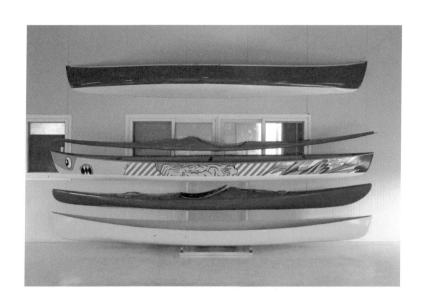

윤성 씨가 디자인하고 윤복 씨와 함께 만든 와이크래프트보츠의 카누, 카약.

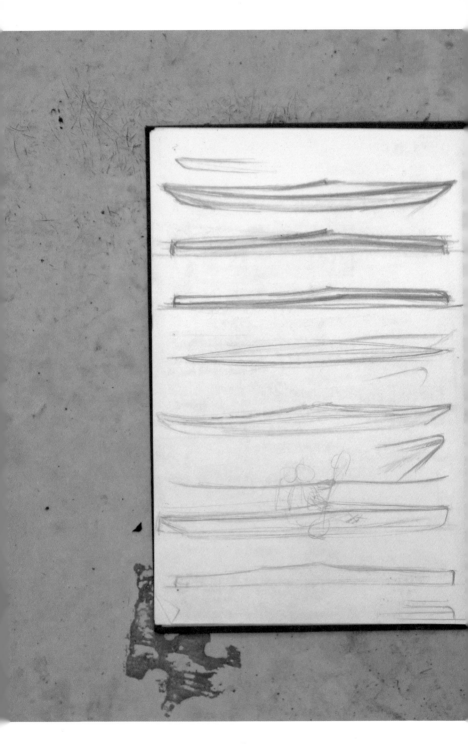

Y8 acht

Yacht

Yar

돌림자 〈윤〉의 〈Y〉를 따서 만든 와이크래프트보츠의 로고가 박힌 카약.

여러 방식의 매듭법이 소개된 책. 윤성 씨가 좋아하는 책 중 하나다.

생물 과학 일러스트레이터

이소영

집 꾸미기용 소품처럼 식물을 대하던 마음에 변화가 찾아온 건 이소영 씨를 만난 후부터다. 「식물을 유행처럼 소비하는 경향이 있는데, 식물은 우리의 삶을 위한 과학 연구 분야예요. 예를 들어 영화 〈인터스텔라〉를 보면 식량 위기로 인류 멸망을 목전에 둔 미래 사회를 이야기하잖아요. 이 영화가 실제 미래의 모습이라는 연구 결과가 꾸준히 보도되고 있어요.」 단순히 보기 좋은 그림 소재가 아닌 미래 자원을 위해 식물을 기록하는 소영 씨의 이야기다.

이소영  1985년생. 대학에서 원예과를 졸업하고 국립 수목원에서 4년간 식물 세밀화가로 일했다. 2013년부터 프리랜서로 활동 중이다. 『세밀화집, 허브』, 『더 블루베리 북』을 통해 식물의 다양한 품종과 정보를 제공하며 식물 과학 일러스트의 중요성을 알리고 있다.

## 식물처럼 자연스럽게

이소영 씨는 생물 과학 일러스트레이터다. 사실 그를 알기 전까지
처음 들어 보는 직업이었다. 흔히 그를 식물 세밀화가나 식물 과학
일러스트레이터라고 부른다. 식물 종의 형태를 그림으로 기록하는
사람을 가리키는 말이다. 소영 씨는 식물을 비롯해 곤충, 해양
생물에도 관심이 많다. 식물만 알아서는 생태계를 제대로 이해할
수 없기 때문이다. 그래서 사람들이 그를 부르는 식물 세밀화가,
식물 과학 일러스트레이터라는 호칭 외에 스스로 〈생물 과학
일러스트레이터〉라는 영역을 만들었다. 다양한 자연의 생명체를
기록하겠다는 의지를 담은 단어다. 식물을 좋아하는 부모님 덕분에
어려서부터 자연과 가깝게 산 그는 큰 고민 없이 대학을 원예과로
진학했다. 그 당시에는 컴퓨터 공학이나 호텔 경영학과처럼 멋있어
보이는 학과가 유행이었다. 소영 씨의 선택에 친구들은 한결같이 〈너
졸업하고 농사지을 거야?〉라고 물었다. 하지만 그는 확신이 있었다.
「산업이 절정에 다다라서 모든 것이 프로그램화, 시스템화가 되는
시대가 오면 사람들은 다시 가장 기본적이고 원초적인 생태계로
돌아가고 싶어 할 거라고 생각했어요. 그때 필요한 학문이 자연,
식물을 다루는 일이라 생각했고 자연스럽게 원예학을 선택한
거예요.」

고등학교를 졸업하고 학과를 선택할 때의 모습을 되돌아봤다. 무엇을 원하는지, 어떤 사람이 되고 싶은지에 대해 그저 막연했다. 일단 대학에 가자, 그래서 허들을 넘듯 열심히 장애물을 넘어 도착 지점을 통과했다. 기쁨은 잠시였다. 허무함이 찾아왔다. 하지만 학창 시절부터 자신이 무엇을 좋아하는지 분명히 알았던 소영 씨는 원예, 조경 등 학과에서 배울 수 있는 다양한 분야를 열심히 접했다. 특히 대지 미술에 관심이 생겨 환경 디자인을 부전공했고, 항상 기본에 충실해야 무엇이든 오래 할 수 있다는 생각에 식물화를 그리는 선생님에게 그림을 배웠다. 이때 자신이 무엇을 재밌어 하는지 확실히 알게 되었다고 한다. 직업을 찾는 데에도 적극적이었다. 산림청 홈페이지를 통해 국내에서 유일하게 식물 세밀화가를 뽑는 국립 수목원을 발견하였고 기본기 탄탄하게 쌓은 포트폴리오를 준비해 합격했다. 그리고 조사과라는 부서에서 4년간 식물 세밀화가로 일했다. 식물을 수집하고 데이터를 구축하고 그림을 그리는 일이다. 그에게 이 일의 가장 큰 매력이 무엇이냐고 물으니 〈식물을 계속 자세히 볼 수 있어요〉라고 대답한다. 평생 숲속에 들어가고 식물을 가까이에 둘 수 있는 그 자체가 매력이라고. 아무리 좋아해도 그렇지, 좋아하는 게 일이 되면 그것도 스트레스 아닌가? 하지만 소영 씨는 그 대상이 식물이라서 전혀 스트레스를 받지 않는단다. 하긴, 회사도 일이 힘든 게 아니라 사람이 힘들어서 때려 치고 싶어지지. 「저는 성격이 급한 편이에요. 하지만 식물 세밀화를 그리려면 오랜 시간을 기다려야 합니다. 식물이 꽃을 피우고 열매를 맺고 다시 지는 이 오랜 시간을 묵묵히 지켜보고 기록해야 해요. 이런

긴 기다림에도 불구하고 감당하는 제 모습을 보며 평생 직업으로
삼아야겠다고 결심했습니다.」

## 과학을 위한 예술

왕숙천이 내려다보이는 경기도 어느 한 건물 옥상에 이소영 씨의
작업실이 있다. 식물을 자세히 관찰하기 위한 현미경과 표본이 있는
작업대, 그림을 그리는 책상과 관련 전문 서적이 꽂힌 책장, 잠시
휴식을 청하기에 좋은 작은 소파, 그리고 곳곳에 배치한 식물과
이를 기록한 그림들. 그의 작업실 풍경이다. 서울에서 버스를 타고
이름 모를 하천을 굽이굽이 지나 도착한 한적한 곳이다. 2013년
식물 세밀화를 좀 더 깊이 공부하려는 마음으로 — 영국 유학을
준비하면서 — 일을 그만두었고 현재는 프리랜서로 활동한다.
그런데 회사를 그만두고 오히려 더 바빠졌다. 주말도 없이 매일
작업실로 출근한다. 식물 학회지를 위한 일러스트레이션부터 잡지와
화장품 브랜드 광고를 위한 식물 삽화까지, 그를 찾는 사람이 많다.
덕분에 넉넉한 벌이는 아니지만 적당히 만족스럽게 생활한다.
하지만 소영 씨는 조금 불안하다. 독립적인 식물 세밀화가로서
미래를 어떻게 꾸려 나가야 할지 아직은 막막하다. 롤 모델을 찾지
못했기 때문이다. 하지만 때론 자신만의 독보적인 영역을 구축할 수
있을지도 모른다는 희망도 그려 본다.

이 일이 워낙 생소한 분야이다 보니 오해하는 사람도 많다. 보통
사진을 보며 그리는 간단한 일로 여겨진다. 물론 사진으로 기록할

수도 있다. 하지만 잎이 돋아나고 꽃이 피고 열매를 맺는 1년여의 과정을 한 장에 담기 위해선 그림이 더 효과적이다. 이렇게 1년을 투자해야 하는 끈덕진 작업인데, 그런 오해를 받을 때면 정말 속상하다. 「학회 요청에 의해 그려야 할 식물이 정해지면 관련 논문을 찾아봅니다. 국내 자생지를 알아보고 직접 찾아가 채집해요. 이 중에는 국가 소유의 숲이나 산이 있어 허락을 먼저 구해야 하는 경우도 있습니다. 자생지를 찾으면 주변 생태계의 모습을 최대한 많이 그리고 사진으로도 기록합니다. 채집한 것은 작업실로 가져와 현미경이나 루페를 통해 자세히 관찰하고 펜촉에 잉크를 묻혀 전통적인 방식으로 기록하죠.」 식물 세밀화가는 계절이 바뀔 때마다 꽃이 피고 열매를 맺는 모든 과정을 기록해야 한다. 암술머리 모양과 수술의 개수 등 식물의 생식기를 포함한 모든 정보를 한 장에 담아야 하기 때문이다. 식물의 변화에 따라 쫓아다녀야 하기에 쉴 틈도 없다. 그래서 꽃이 만발하는 봄이 되면 소영 씨도 덩달아 바쁘다. 그나마 겨울이면 좀 나으려나. 하지만 겨울눈을 기록하는 것 또한 식물의 중요한 특징 중 하나이기에 놓치면 안 된다.

농부처럼 부지런히 사계절 내내 일하는 그를 보며 직업에 대한 소명 의식이 투철한 사람이라고 생각했다. 식물에 대한 이야기를 나누다가 인구 문제, 식량 부족, 물 부족 등 미래 자원에 대한 걱정과 책임에 대해 고민하는, 요즘 보기 드문 젊은이라고 생각했다. 천천히 나지막하게 말하는 그의 모습에서 힘이 느껴지는 이유인가 보다.

# Q&A

식물화와 식물 과학 일러스트의 차이가 궁금합니다.

식물화는 아름다움을 목적으로 식물을 그리지만 식물 과학 일러스트는
식물의 품종 식별을 목적으로 한 기록물입니다. 식물화에는 작가의
주관적인 시선과 개성이 들어 있지만, 식물 과학 일러스트에는 감정을
넣을 수 없어요. 객관적인 시선으로 정밀하게 그려야 합니다.

단순해 보이지만 반복적으로 끈기 있게 식물의 생애를 관찰하는 행동을
보고 장인의 작업과 닮았다는 생각을 했습니다. 식물이 삶의 방식에 많은
영향을 주었다고 한 인터뷰 기사를 본 적이 있는데, 어떤 의미인가요?

자연스럽게 사는 것이 무엇인지 생각하게 되었어요. 한때 유행을
좇을 때도 있었지만 식물과 가까이 살며 〈자연스러움〉이 진정한
아름다움이라는 것을 깨달았죠. 흐르는 대로 산다는 것이 무엇인지 지금
알아 가는 단계예요.

가장 보람을 느낄 때는 언제인가요?

2013년에 속단아재비라는 식물이 우리나라에서 발견되어 외국 학회지에
발표된 적이 있어요. 그림을 그릴 당시에는 이름도 없이 〈신종〉이라고
불린 식물이었죠. 하지만 지금은 식물에게 이름이 생기고 전 세계에
알려졌어요. 이 과정을 지켜보면서 뿌듯해졌고, 제가 일부 참여했다는
것에서 자부심을 느낍니다.

식물 보존 관련에 대한 역사, 미래 자원, 생태계 등에 관심이 많은 것
같아요.

식물 과학 일러스트는 식물 연구를 위한 기본 자료예요. 독도가 누구네

땅이냐고 일본과 싸우잖아요. 이때 식물에 대한 기록물이 중요하게
쓰입니다. 독도의 자생 식물이 어느 쪽과 더 닮았는지에 따라 이를 근거로
사용할 수 있어요. 또 한 가지 예를 들어 숙취에 좋다는 음료 헛개수도
헛개나무에 대한 자료가 있어야 이를 자원화할 수 있는 건데 이때도 식물
과학 일러스트가 필요합니다.

식물을 관찰하는 사람으로서 생태계 변화에 민감할 것 같습니다.

최근에 주목받는 이슈 중 하나가 기후 변화잖아요. 열대 현상으로
꽃을 피우고 열매를 맺는 시기가 많이 변화했어요. 사람처럼 식물도
혼란스러워하고 있죠. 기후가 높아질수록 추운 환경을 좋아하는 식물
수는 점점 줄어 결국 사라질지도 몰라요. 농촌 진흥청의 연구 발표에
의하면 100년 안에 국내에서 사과를 재배할 수 있는 곳이 강원도밖에 없을
거래요. 많은 식물이 멸종 위기에 처해 있다는 의미입니다. 이러한 변화와
어려움은 결국 인간에게 그대로 돌아올 거예요. 후손들을 생각하면 더
자세히 연구하고 기록해야겠다는 책임감이 생깁니다.

전통적 방식의 기록을 고집하는 이유가 궁금합니다.

지금의 기록은 100년이 흘러도 계속 남아 있을 중요한 자료예요. 그때
보아도 촌스럽지 않으려면 가장 기본 방식, 즉 전통적 방식을 추구해야
한다고 생각합니다. 그래서 펜촉에 잉크를 묻혀 점묘로 세세하게
그립니다.

식물학자 외 주로 어떤 분과 협업하나요?

식물 자료집을 위한 삽화로 발전해 온 것이라 책과 관계가 깊어요. 채색을
할 때는 더 신중해지는데 인쇄 과정에서 색이 변할 수 있기 때문이에요.
이렇게 되면 정확하지 않은 정보를 제공하는 거잖아요. 생물에 대한 것뿐

아니라 인쇄 기술에 대한 지식이 필요하고, 책과 관련된 작업을 하다 보니 편집 디자이너나 그래픽 디자이너와 협업하는 경우가 많습니다.

요즘 식물에 관심 갖는 사람이 많습니다.

어떤 분이 우리나라 사람들은 식물을 즐기지 못하는 것 같다고 하더라고요. 그건 당연한 일이라고 생각해요. 영국이야 식물 연구에 관한 몇백 년의 역사가 있는 반면 한국은 일제 강점기 이후부터 시작했으니까요. 앞으로 조금만 더 시간이 흐르면 식물을 즐기는 문화가 자리 잡힐 것이라고 봐요. 식물 문화라는 것이 특별한 게 아니에요. 기념일이 아니어도 집에 가는 길에 자연스럽게 꽃집에 들러 꽃을 구입하는 일상을 말하는 겁니다.

식물 키우기를 두려워하는 사람도 있어요. 꽃이 시드는 게 싫을 수도 있고요.

선인장이 인기 있는 이유이기도 하죠. 근데 식물도 반려동물을 키우는 것과 마찬가지예요. 반려견이 아프면 이유를 알아보고 공부하고 병원에 데려가잖아요. 그리고 사실 많은 품종의 식물이 개량종이라는 거 아세요? 화려한 색과 화형을 좋아하는 인간의 욕심 때문에 개발되는 거죠. 대부분 공원에 있는 식물을 자연이라고 말하지만 따지고 보면 완벽히 자연스러운 모습은 아닌 거예요.

롤 모델이 있나요?

사람은 아니고 영국의 큐 왕립 식물원 자체가 저의 롤 모델입니다. 연구 과정이 체계적이고 식물 세밀화 관련 자료도 잘 보존되어 있어요. 사람들에게 식물을 어떠한 방식으로 알려줄지에 대한 고민도 많이 하는 것 같아요. 배울 점이 많은 기관이에요.

식물 그림 자체가 워낙 예뻐요. 이를 에코백이나 노트로 만들어 상품화할
생각은 없나요?

아직 구체적인 계획은 없지만 식물 과학 일러스트를 상품화하는 것이
조금 무서워요. 제 일은 학문이라고 생각하는데 상업적으로 변질되면
스스로 이 일을 오래 하지 못할 것 같아 조심스럽습니다.

이 일을 끈기 있게 하는 원동력은 어디에서 오나요?

그런 생각을 깊게 해본 적이 없네요. 해야 할 일이 너무 많아요. 식물을
그리려면 단기적인 계획보다 몇십 년의 장기적인 계획을 세워야 하거든요.
많은 변화를 꿈꾼다면 이 일을 못 해요. 저는 평생 동안 무궁화 품종을
그리고 싶다는 계획을 갖고 있어요. 무궁화는 국화잖아요. 그런데
국내 자생 식물이 아니라 중국이 원산지예요. 무궁화 또한 여느 꽃처럼
사람들이 좋아할 만한 모습으로 품종 개량되고 있는데, 신품종이 나올
때마다 사람들은 한시적으로 좋아했다가 금세 관심을 끊죠. 인간의
기호에 따라 식물이 존재했다가 사라지는 것이 속상해요. 이러한 모든
것을 기록하고 싶어요. 누군가는 해야 할 일이라 생각해요. 그 일을 제가
하고 싶고요. 할머니가 되어서 이렇게 다양한 무궁화가 존재했다는 것을
알리는 전시를 하고 싶어요. 단지 그런 날이 오기를 꿈꾸고 있습니다.

소영 씨가 곁에 두고 즐겨 보는 식물 전문 서적들.

독립 출판물 서점 유어마인드에서 출판한 소영 씨의 그림책 『세밀화집, 허브』와 『더 블루베리 북』.

채집한 날짜를 기록해 보관 중인 식물 표본과 트레이싱 페이퍼에 옮겨 그린 그림.

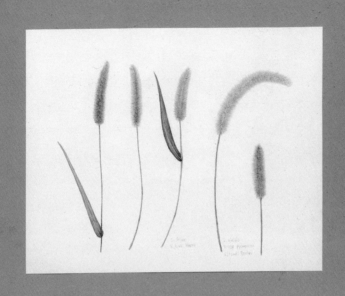

세필로 그린 강아지풀 그림.

식물을 자세히 관찰하기 위한 현미경과 표본이 있는 작업대.

다양한 종류의 꽃과 잎을 말려서 모아 둔 책상 위 한편. 전혀 손을 대지
않아도 예쁘다는 말에 소영 씨가 〈식물밭〉이라고 웃으며 말했다.

생화의 변질을 막기 위해 분리해 보관 중인 식물들.

소영 씨는 펜촉에 잉크를 묻혀 점묘로 세세하게 그리는 전통 방식을 추구한다.

# Dill  Anethum graveolens

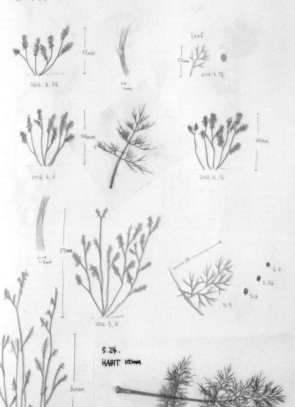

2014. 3. 24

10mm

leaf

22mm

2014. 3. 25

2mm

2014. 4. 1

105mm

2014. 4. 15

100mm

370mm

1.5mm

6.4

5.22

5.12

5.9

15

450mm

2014. 5. 2

5.24.
HABIT 100mm

300mm

2014. 5. 14.

04

문화 기획자

김선문

「비비안 마이어를 찾아서」는 존 말루프라는 한 사람에 의해 발견된 누구에게도 공개된 적 없는 천재 여성 사진작가 〈비비안 마이어〉의 이야기를 담은 다큐멘터리 영화다. 먼지 속에 묻혀 사그라졌을지도 모를 그녀의 사진이 20세기 후반을 담은 막대한 유산이라는 호평을 받을 수 있었던 데에는 존 말루프의 호기심 덕분이다. 성북동을 기반으로 활동하는 문화 기획자 김선문 씨를 보며 존 말루프가 떠올랐다. 사람에 대한 관심과 먼지 속에서도 가치 있는 것을 알아보는 안목이 그와 비슷하다고 생각했다.

김선문  1984년생. 계원예술대학교 출판 디자인과를 졸업한 그는 이름 짓기와 의미 부여하기를 좋아하는 문화 기획자다. 기존에 정의된 출판의 개념이 아닌 자신만의 방식으로 사람과 공간을 엮어 〈출판을 기획〉한다. 오래되어 낡아진 기억을 끄집어내고 현재에 맞도록 새롭게 다듬는 일을 좋아한다. 성북동 지역을 중심으로 활동하고 있으며 문화 공간 17717을 통해 출판, 전시, 공연 등의 기획력을 보여 주고 있다. 최근에는 성공회대학교 문화대학원을 다니며 배움을 더하고 있다.

## 40년 전의 발자취를 좇아온 곳

가끔 10년 전으로 돌아가고 싶다고 말한다. 대부분 〈왜 그때 ~하지
않았을까〉라는 후회와 미련에 대한 이야기다. 난 왜 그때 좀 더
열심히 공부를 하지 않았을까, 난 왜 연애를 좀 더 열정적으로
하지 않았나, 난 미래를 위해 어떤 노력을 했는가에 대한 것이다.
지금의 모습을 그때 미리 좀 알았더라면, 난 좀 덜 고민하고 좀 덜
불안해하며 좀 더 나은 선택을 했을지 모른다고 말한다. 얼마 전
나보다 약 10년 정도 젊은 사람들과 술자리가 있었다. 그들의 주요
화제는 연애, 공부, 취업이었다. 10년 전의 내 모습과 크게 다르지
않았다. 가끔 안부를 여쭙는 교수님이 말하길, 예전과 다르게 세상이
많이 변했다며 학생들도 너희 때랑 다르다고 했는데 10년 전의
내 모습이나 지금의 젊은이들이 고민하는 모습은 비슷해 보였다.
이런 이들이 한창 자신의 이야기를 하다 갑자기 나에게로 관심이
전환됐다. 〈언니는 저희 때 어땠어요?〉 기습 질문에 조금 당황했다.
솔직하게 마음을 털어놓자니 실패한 30대 여성처럼 보일까 봐
머뭇거렸다. 지금의 그들은 대기업에 다니는 고연봉자가 곧
능력자라고 생각할 테니까.


성북동을 주요 무대로 활동하는 김선문 씨는 『뿌리깊은나무』를

수집하는 청년이다. 1976년에 창간해 1980년에 폐간된 잡지에
집착하는 그는 지인들과 함께 『뿌리깊은나무』에 나오는 선구자들의
발자취를 더듬어 보는 모임도 갖는 열혈 팬이다. 지난 2016년 10월
8일부터 약 한 달간 자신이 운영하는 성북동 〈문화 공간 17717〉에서
『뿌리깊은나무』와 『샘이깊은물』 소장전을 열기도 했다. 〈좋은 것을
전하는 가장 좋은 방법은 함께 열어 보는 것〉이라는 취지로 기획한
전시다. 「여기 『뿌리깊은나무』를 보면 지금 우리 세대가 고민하는
일들이 그대로 담겨 있어요. 알고 보면 우리가 겪는 문제들이 새로운
것이 아니라는 거죠. 단지 우리가 겪어 보지 못해 새롭고 힘들다고
느끼는 것뿐이에요. 『뿌리깊은나무』를 읽어 보면 그 안에 답이 다
있어요.」 40여 년 전 당시의 고민을 현재로 끌어와 읽고, 이를 발판
삼아 다음 단계로 나아가자는 말이다. 부모 세대가 하던 고민과
실수를 미리 알면 우리가 실수하는 시간을 조금이라도 덜 수 있을
테니까.

면목동이 거주지인 선문 씨가 성북동에 문화 공간을 오픈하고
활동하게 된 계기도 『뿌리깊은나무』 때문이다. 미술 평론가이자
국립 중앙 박물관 관장이던 최순우의 옛집도 성북동, 설치 미술가
서도호의 아버지이자 해방 제1세대 문인화가 서세옥의 자택도
성북동. 당대 유명 문인들이 성북동을 근거지로 활동한 공통점이
선문 씨에게는 호기심으로 다가왔다. 〈도대체 어떤 곳이기에?〉라는
궁금증이 그를 성북동으로 오게 만들었고 2013년부터 본격적으로
이 동네에 빠져들었다. 이후 성북구에서 추진하는 〈좋은 마을 만들기

프로젝트〉에 참여하며 주민들의 애향심이 남다르다는 것을 알게 되었다. 마을 잡지를 만들며 주민들과 정도 쌓았다. 인연은 꼬리에 꼬리를 물며 선문 씨에게 문화 공간 17717의 공간을 제공할 좋은 주인을 만나게 했고, 다양한 기획과 이벤트도 대부분 성북동을 기반으로 모인 사람들과 인연이 되어 탄생했다.

번지수를 그대로 이름으로 한 선문 씨의 문화 공간 17717은 2014년에 오픈했다. 이전에는 성북동의 작은 집을 빌려 공유 공간 〈초록옥상〉을 운영하기도 했다. 30대 초반의 청년이 공간을 운영한다고 하면 금수저를 물고 태어났을 것이라고 오해할 수 있다. 일정 수입이 있는 회사원도 아니고 고수입이 생길 만한 특정한 일을 하는 것도 아닌 그가 문화 공간을 운영하는 것이 의문이다. 무슨 큰 뜻이 있으려나 내심 궁금했는데 예상 밖의 대답이 돌아왔다. 〈그저 문화, 예술이 어렵지 않고 누구나 즐길 수 있는 생활 밀착형 장르가 될 수 있다는 것을 보여 주고 싶었다〉고 말한다. 그래서 여러 아르바이트를 병행하고 검소한 생활을 하며 돈을 모아 준비한 것뿐이라고 한다. 지인들은 이런 그를 보며 〈이걸로 뭐 먹고살래?〉, 〈유지는 어떻게 할래?〉라는 식의 걱정 어린 말들을 한다. 이때마다 선문 씨는 〈사는 데 많은 돈이 필요한 건 아니야〉라며 대수롭지 않은 듯 대답한다.

## 출판의 재정의

계원예술대학교 출판 디자인과(현재 시각 디자인과로 통합)를

졸업한 그가 생각한 출판 디자인은 이렇다. 글과 사진, 그림을
지면 위에 조리 있게 디자인하는 것이 본래의 의미라면 자신이
생각한 출판 디자인은 사람과 사람을 공간 안에 잘 엮어 의미 있는
결과물을 내놓는 것이다. 세상에 혼자 할 수 있는 일은 없다고 믿기
때문이다. 평소 품고 있는 생각과 꿈도 사람을 만나야 이루어질 수
있다고 믿는다. 문화 공간 17717과 공유 공간 초록옥상을 운영한
이유도 이 때문이다. 「문화 공간 17717을 오픈하기 전 지인들과
정기적으로 모일 수 있는 공유 공간 초록옥상을 운영했어요. 공간에
관심을 갖게 된 계기는 다섯 명의 친구와 청평에 놀러 간 적이 있는데
하루 방값이 30만 원이라는 거예요. 한 달 월세 정도 되는 금액을
그렇게 지불하는 게 아깝다고 생각했죠. 모임을 하려면 일정 공간이
필요하다고 생각하던 중 보증금 500만 원에 월 40만 원의 초록색
옥상이 있는 작은 집을 알게 되어 지인들과 모임을 위한 공유 공간을
만들기 시작했습니다.」 월세를 마련하기 위한 선문 씨의 제안은 꽤
설득력 있다. 커피값만 잘 모으면 한 달에 약 8만 원을 모을 수 있고
다섯 명만 모여도 공간 하나쯤은 거뜬히 유지할 수 있다는 것이다.
부족하면 자신이 아르바이트를 해서라도 채울 의지가 있었다. 꽤
괜찮은 방법이라고 솔깃하다가도 누가 선뜻 방값을 보탤까 싶은
의구심이 떠나지 않았다. 하지만 신기하게도 급하게 작업실을
구하는 젊은 예술가, 워크숍을 진행해 보고 싶은 기획자 등이
초록옥상의 문을 두드렸다.

공유 공간을 만든 덕분에 다양한 분야의 사람들과 인연이 이어졌고

이 인연이 실타래처럼 엮여 선문 씨가 할 수 있는 일의 영역도
넓어지기 시작했다. 성북동 마을 잡지의 디자이너이자 사진가이기도
하고 「성북 예술동」의 기획자로 참여하기도 했다. 성북동 옆 동네인
삼성동 한옥 카페 〈희섬정〉에서는 하루 동안 레스토랑 오너가 되는
프로젝트 〈일요식당〉을 기획하고 지인의 시와 그림을 모아 시집,
동화책 등을 출판하기도 했다. 이렇듯 선문 씨가 해온 몇몇 일을
열거해 보면 디자이너, 기획자, 큐레이터 등 한 단어로 그가 하는 일을
설명하기란 쉽지 않다. 이렇게 방대한 일을 해내는 그가 신기하다고
말하니 마음에 품어 오던 일을 한 것뿐이라며 자신이 재정의한 출판
디자인에 대해 다시 한번 강조한다. 사람과 사람을 공간 안에 잘
엮었을 뿐이라고. 선문 씨가 말한 출판의 정의를 빌려 표현하자면
개인의 능력을 책의 글과 그림으로 해석하는 것이 그의 일인 것 같다.

## 인생의 나침반이 되어 준 책

좋은 책 한 권이 개인에게 주는 영향은 상당하다. 선문 씨가
다재다능하고 오지랖 넓은 기획자가 된 배경에도 책이 있었다. 특히
어릴 적 읽은 위인전이 큰 영향을 주었다. 「부모님이 만화 책방을
운영했어요. 자연스럽게 첫 위인전을 만화 전권으로 접했는데
어린이가 읽는 만화 위인전은 대부분 30쪽 내외로 한 사람의
일대기가 정리되어 있잖아요. 길다고 느낀 인생이 얇은 책 한 권으로
압축된 것을 보며 인생은 참 짧다고 생각했어요. 머뭇거릴 시간이
없구나, 하고 싶은 일이 있다면 지금 당장 시작해야겠다.」 그래서인가
그가 일을 벌일 때에는 주춤하는 기색이 없다. 기회가 주어지면

자신이 할 수 있는 일, 지인이 할 수 있는 일, 알고 있는 공간과 장비를 총동원해 그 일을 성사시킨다. 행동력이 강한 그의 배경이 만화 위인전이라는 사실에 괜히 허무하기도 하고 피식 웃음이 나기도 한다.

청년이 된 선문 씨의 인생에 나침반이 되어 준 책은 군대에서 만났다. 폐지 정리를 하다 우연히 접한 책『괴테와의 대화』다. 수많은 명언을 남긴 괴테의 어록 중 선문 씨의 가슴에 새겨진 내용은 문학이든 음악이든 최상의 것을 접하라는 것이다. 선문 씨는 괴테의 말을 따라 제대 후 출판계의 명망 있는 어르신을 찾아 나섰다. 파주출판도시를 세운 이기웅 열화당 대표를 찾아간 것. 〈출판이란 무엇입니까?〉라는 원초적이고도 당돌한 질문을 던진 선문 씨는 이를 인연으로 이기웅 대표에게 도제식 교육을 받았다. 출판 디자인과를 나왔으니 편집 디자인을 할 것이라는 예상과 달리 그가 열화당에서 한 일은 1만여 권의 고서를 정리하는 일이었다. 한자를 알아야 고서 정리가 가능했기에 자연스레 공부를 할 수 밖에 없었고 안목 있는 어른의 수집서다 보니 어떤 책을 펼치든 허투루 흘릴 내용이 없었다. 또 하나의 일은 이기웅 대표를 찾는 문화, 예술계의 어른들을 함께 맞이하는 것이었다. 이기웅 대표와 함께하며 어른들이 이야기하는 문화, 역사 등에 대한 지식을 귀동냥할 수 있었는데 그는 이를 〈듣기 훈련〉이라고 표현한다. 그리고 지금 선문 씨가 성북동을 기반으로 문화 기획자가 되는 데 영향을 미친『뿌리깊은나무』를 이곳, 열화당에서 처음 접했다. 선문 씨는『뿌리깊은나무』를 처음

보았을 당시를 회상하며 〈정말 신기했다〉고 말한다. 1976~1980년에
만든 잡지임에도 불구하고 지금 만든 잡지처럼 현재가 읽히더란다.
우리 세대가 하는 고민을 이 시대의 어른도 했었다는 것이 신기했다.
이러한 책을 몰랐기 때문에 같은 실수를 반복하는 것이라 믿은 그는
반드시 『뿌리깊은나무』를 전권 소장해 지인들과 함께 읽어야겠다고
생각했다. 당시 그의 나이 26세. 그 생각의 씨앗이 자라 지금은
성북동에 문화 공간을 운영하는 대표이자 문화 기획자로 성장한
것이다.

온갖 정보와 발품을 팔아 몇 년에 걸쳐 전권 수집을 마친 2013년,
본격적으로 뜻이 맞는 지인들을 모아서 읽기 모임을 시작했다.
하지만 낭독하고 토론하는 것만으로는 성에 차지 않았나 보다.
『뿌리깊은나무』의 〈그는 이렇게 산다〉 코너에 나온 인물들을
직접 찾아 나서기 시작했다. 인터뷰이로 모시기 어렵기로 소문난
1세대 무대 의상 디자이너 이병복(2017년 12월 29일 타계) 씨를
찾아뵙는가 하면, 1985년 『샘이깊은물』 10월 호에 적힌 짤막한 정보
하나만 가지고 전라남도 구례군까지 찾아가 천연염색장 안화자
씨를 찾아뵙기도 했다. 그의 순수한 열정이 어른들을 감동시키기에
충분했다. 인터뷰이들은 기척 없이 찾아온 선문 씨를 따뜻하게 맞아
주었고 인생 선배로서 조언도 잊지 않았다. 우리보다 한 세대 앞서
인생을 경험한 이들이 전한 말은 사실 놀랄 만큼 특별한 내용은
아니다. 〈자신을 너무 규제하지 말 것〉, 〈남의 시선이 두려워서 하고
싶은 일을 망설이지 말 것〉 등 자신들의 젊은 날을 아쉬워하더라고.

괴테의 명언 중 〈과거를 잊는 자는 결국 과거 속에 살게 된다〉라는 말이 있다. 선문 씨에게 잘 어울리는 명언이다. 과거를 잊지 않는 그이기에 날마다 새로운 환경을 접해도 두려움 없이 일을 해나간다. 땅 속에 깊이 뿌리내린 나무처럼 흔들림 없이 말이다.

# Q&A

전시 기획, 이벤트 기획, 출판 등 여러 분야의 일을 해내세요.

다양한 것에 관심이 많고 붙임성과 오지랖이 좀 있어요. 인복도 있어서
주변에 좋은 사람도 많고요. 제가 하는 모든 일은 사람들과 관계를 맺으며
파생된 거예요. 주변 사람들과 하고 싶은 것에 대해 이야기하다 보면, 이
사람과 저 사람을 엮으면 해결할 수 있는 일들이 꽤 많거든요. 목적에
맞는 공간이 나타나면 더 명확하게 실현 가능해지는 거고요. 20대 중후반
때는 남만 챙기고 있다는 생각이 들어 힘들고 우울하기도 했어요. 하지만
그러던 것이 돌고 돌아 지금은 저에게 인복으로 돌아오는 것 같아요.
제가 동국대학교 사범대학 부속 중학교를 나와서 불교를 믿다 고등학교
때 호기심으로 교회에 다니면서 짬뽕 신자가 됐는데, 결국 종교에서 하는
말은 〈나누면서 함께 살자〉라는 거더라고요. 이때 영향으로 무엇이든
나누면 배가 된다고 믿으며 살고 있어요.

재밌고 좋은 기획임에도 단발성으로 끝나는 경우가 많더라고요. 예를
들어 초록옥상은 1년 정도 유지했고 일요식당은 6개월 정도 진행했죠.
꾸준히 끌고 나가면 좋았을 아쉬운 기획이에요.

6개월 이상 잘 끌고 나가지 못하는 부분은 인정해요. 저의 단점 중 하나가
어느 정도 단계를 넘어서면 수익이 생기고 비즈니스로도 괜찮을 것이라는
걸 아는데 돈이 보이는 그 순간이 되면 흥미를 잃어요. 무언가를 기획하고
만드는 과정에서 힘을 얻어요. 몇몇 프로젝트는 단발성이긴 하지만
공간만큼은 점점 확장되고 있다고 생각해요. 성북동 초록옥상이 문화
공간 17717로 진화해 수용할 수 있는 범위와 인원이 확장됐잖아요.

## 아이디어는 어디에서 얻나요?

아이디어라기보다 사람들과 이야기를 하다 보면 새로운 생각이 떠올라요. 저는 사람 만나기를 꺼려 하지 않는 편이거든요. 처음부터 단번에 잘 맞는 사람은 많지 않아요. 꾸준히 연락하고 만나면서 사람들과의 접점을 찾아서 가다 보면 어느 순간 톱니바퀴처럼 맞물려지는 순간이 있어요. 한번 연결 고리가 생기면 그때부터 무한 확장이 가능해지더라고요. 「성북예술동」의 기획을 할 수 있었던 것은 성북동 마을 잡지를 만들며 성북동 사람들을 알게 된 것 때문이고, 일요식당을 기획한 것도 그곳에서 만난 사람들과 수다를 떨다 나온 거예요. 지인의 소규모 결혼식을 준비할 수 있었던 것도 일요식당에서 인연을 맺은 사람들 덕분이고요.

## 메모나 스케줄 관리가 중요할 것 같은데, 선문 씨의 다이어리가 궁금해지네요.

활동하는 시간만큼 혼자만의 시간을 갖고 정리하는 습관이 있어요. 이건 저만의 메모법인데 한번 해보세요. 최근 자주 가는 동네 서너 곳을 지도에 표시하세요. 그곳에서 주로 만나는 사람을 적고 그들이 어떤 일 또는 어떤 능력을 가지고 있는지 적어 보세요. 그들이 하고 싶어 하는 일도 적어 놓으면 좋아요. 이렇게 아는 사람들을 정리했다면 자신의 나이와 달력을 그리고 언제까지 얼마를 모으겠다는 목표를 적는 거예요. 사람과 시간, 지역을 도표화한 것이 뼈대가 되고, 우연히 일어나는 다양한 인연들을 이 뼈대에 접목시켜 보는 거예요. 무슨 일이든 혼자서 헤쳐 나갈 순 없어요. 사람, 우연, 인연 들이 항상 잘 맞물려야 해요.

## 집은 면목동이라고 들었어요. 주민이 아닌 사람으로서 성북동과 관련된 일을 하는 게 쉽지 않을 것 같아요.

성북동을 좋아하긴 하지만 이곳이 거주지가 아니기 때문에 더 좋다고 생각해요. 베이스캠프가 되는 집이 면목동에 있기 때문에 활동 범위가 넓어질 수 있다고 생각하거든요. 사실 태어나서 한 번도 이사를 해본 적 없지만 만약 제가 활동하는 지역에 따라 집을 옮겨 다녔다면 정착하고 싶은 마음만 커지고 다른 지역에 대한 호기심은 없었을 것 같아요. 집밥을 먹고 다니기 때문에 주변 사람을 챙길 여력이 있는 거고요.

멘토가 있나요? 선문 씨에게 영향을 주는 사람이 궁금해요.

친구들이 멘토입니다. 제가 보지 못한 시각을 어떤 이들은 볼 수 있고 이러한 사람들과 대화를 하다 보면 새로운 생각이 떠오르거든요. 좀 더 깊은 통찰력을 요구하는 문제는 어르신들을 찾아가 여쭙기도 하는데, 모든 답은 내 안에 있다고 말씀해 주시더라고요.

40년 전에 창간한 『뿌리깊은나무』의 기록을 보며 우리 세대가 해야 할 일을 생각하게 됐다고 했어요. 다음 세대를 위해 전언할 기회가 있다면 어떤 말을 남기고 싶으세요?

현재가 힘들다거나 미래가 불안하다면 친구들에게 스스럼없이 이야기하고 도와 달라고 말하라고 할 거예요. 〈도와줘〉라는 말을 직접적으로 하라는 말이 아니라 자신의 생각이나 감정을 감추지 말고 표현하라는 거예요. 식당에 가서도 배가 너무 고프니 밥 좀 많이 달라고 하면 좀 더 신경 써주는 것과 같아요.

사람들은 선문 씨를 문화 기획자라고 부르던데, 자신을 스스로 정의한다면?

심부름꾼 또는 전달자. 제 역할은 여러 사람의 생각을 잘 꿰어 마무리 짓는 일이라고 생각하거든요. 심부름꾼이 나쁜 마음을 품고 있으면 안 되잖아요. 그리고 마지막으로 하고 싶은 말은 저는 이 책이 정말 잘되면 좋겠어요. 이 책이 잘돼야 저도 잘되고, 제가 잘되면 이 책도 더불어 더 잘될 테니까요.

2016년 가을, 선문 씨가 몇 년에 걸쳐 발품 팔아 모은 『뿌리깊은나무』를 자신의 문화 공간 17717에서 선보였다.

『뿌리깊은나무』 소장전 한편에는 잡지 속 이야기를 공간으로 구현해 놓은 듯한 자리도 만들었다. 편히 쉬면서 잡지를 읽을 수 있도록 배려한 것이다.

『뿌리깊은나무』와 『샘이깊은물』을 소개했던 전시장 한편.

빈 공간을 갤러리로 임시 운영해 보는 프로젝트에 선문 씨가 기획자로 참여해 만든 「성북 예술동」전.

선문 씨의 성북동 단골 가게들. 문화 공간 17717에서 행사가 열릴 때면 아낌없이 지원해 주던
디미방은 현재 동소문동으로 이사했다.

*05*

채화칠기장

최민우, 최다영

공예에 대한 가치를 제대로 인정받지 못하는 국내 환경에서 전통 공예를 한다는 게 얼마나 고된 일인지 굳이 설명하지 않아도 알 것이다. 하지만 여기, 아버지의 대를 이어 채화칠기장으로 활동하는 남매가 있다. 채화칠기 명장 최종관의 장남 민우 씨와 딸 다영 씨다. 어머니 김경자 씨까지 온 가족이 채화칠기장으로 활동하는 보기 드문 가족이다. 전통 공예의 이미지와 다소 거리가 먼 듯한 동네인 홍대에 자리 잡은 최 가족의 작업실 겸 갤러리, 그리고 거처인 그곳에서 민우 씨와 다영 씨를 만났다.

최민우(왼쪽)  1983년생. 배재대학교와 동 대학원에서 칠예과를 졸업했다. 전통 방식을 따르되 자신만의 개성을 더한 디자인으로 공예계에 이름을 알리고 있다. 모던하면서도 조형적인 형태에 채화칠의 화려함을 적절히 가미하는 것이 그의 디자인 특징이다. 현대 생활에 쓰임이 있는 물건을 만들기 위해 노력한다.

최다영(오른쪽)  1990년생. 한국전통문화대학교 전통 미술 공예학과에서 이론을 공부했다. 물건을 잘 만드는 것도 중요하지만 잘 알리고 잘 파는 것도 중요하다고 말하는 그는 국내외에 채화칠의 매력을 알리는 가교 역할을 하고 싶다고 한다. 질리지 않는 단순한 형태와 실용성을 중요하게 생각한다.

## 잊히는 것

홍대입구역에서 10분 거리도 채 되지 않은 번화가에 3층 건물이 하나
있다. 1층은 채화칠기 작품을 만나볼 수 있는 〈옻칠갤러리카페〉,
2층은 갤러리 겸 주거 공간, 3층은 작업실로 사용하는 최종관 명장
가족의 건물이다. 1층 카페로 들어서 민우 씨와 다영 씨를 찾자
앞치마를 두른 젊은 아가씨가 가장 먼저 맞이한다. 오픈한 지 얼마
되지 않은 카페 일을 돕고 있던 딸 다영 씨다. 이어 위층에서 장남
민우 씨가 내려온다. 농촌 청년 같은 푸근한 인상에 순박해 보이는
미소 때문인지 첫 만남에도 낯설지 않다.

카페 곳곳에 놓인 화려한 색감의 작품과 독특한 벽이 궁금해
자연스럽게 1층 공간에 대한 물음으로 첫 질문을 시작했다.
채화칠기를 잘 모르는 사람을 위해 입구 쪽에 작업 공정을 설명해
놓았다며 민우 씨가 안내한다. 나무 위에 옻칠을 하고 베바르기를
하고 그 위에 옻칠을 하고 토분을 바르고 또 옻칠을 하는 식의
반복을 최소 스물여덟 번을 해야 비로소 채화칠기의 기본을
갖췄다고 말한다. 민우 씨가 벽면과 바닥을 가리키며 옻칠의 장점에
대해 설명한다. 「카페 공간을 모두 옻칠로 마감했어요. 옻칠은 방습,
방부, 항균 작용을 해 벌레가 잘 꼬이지 않고 나무가 썩지 않아요.」

이쯤에서 이들의 주 종목인 채화칠기에 대한 이야기를 자세히 듣고자 카페보다 조용한 2층으로 자리를 옮겼다.

채화칠기는 옻과 천연 안료를 배합해 칠기 표면에 다양한 색과 문양을 그려 넣는 우리나라 전통 공예 중 하나로 시간이 지날수록 색의 깊이가 더해지는 게 매력이다. 작품을 완성하고 최소 2~3년은 지나야 작가가 의도한 진짜 색을 볼 수 있다고 한다. 삼국 시대부터 시작했다고 전해지지만 나전칠기에 가려져 크게 발전하지 못하고 역사도 제대로 기록되어 있지 않다. 그 명맥을 잇는 장인 또한 흔치 않으니 채화칠기를 생소해하는 이들이 많다. 최종관 명장은 채화칠기를 발전시켜 한국 옻칠 공예를 다양하고 풍요롭게 만들고 싶다는 집념 하나로 40여 년 동안 외길 인생을 걸어온 이다. 이 길을 그의 자녀가 따라 걷고 있다.

## 해야만 하는 것

전통 공예라고 하면 자칫 구식이고 현대 생활과 잘 어울리지 않는 예술 작품으로 생각하기 쉽다. 사람들이 쉽게 찾지 않는 전통 공예를, 10년을 보내야 겨우 제대로 된 기술을 터득한다는 전통 공예를 선택한 젊은 남매의 이야기가 궁금하다. 채화칠기 명장인 아버지와 서양화를 전공한 어머니 밑에서 자랐으니 으레 어려서부터 미술을 좋아했거니 싶었는데 민우 씨의 대답은 뜻밖에도 〈싫었어요〉다. 민우 씨가 네 살 때 일본에 다녀온 아버지가 〈일본의 전통 공예가 발전한 이유 중 하나가 가족이 대를 이어 기술을 전하기 때문〉이라며 그때부터 어린 아들에게 미술 교육을 강행했다. 어려서부터 미술 학원에 다니고 아버지를 따라 미술관을 다녀야 했던 아들은 억지로 해야만 하는 그림 그리기가 정말 싫었단다. 하지만 고등학생이 되고 진로를 결정해야 하는 시기가 다가오자 가업을 잇는 일이 숙명이라는 것을 받아들이기 시작했다. 「컴퓨터 공학과에 가고 싶다는 생각도 했는데 전통 공예로 아버지의 뜻을 따르겠다고 결심한 이후 앞만 보며 달리기 시작했어요. 좋아서 따랐다기보다 무언가 선택을 해야만 하는 기로에 있었기에 한 것뿐이었죠. 특별한 뜻이 있는 게 아니니 첫 입시 미술은 처참하게 실패했어요. 그리고 재수 생활을 하며 그림 그리는 재미가 무엇인지 조금씩 알게 되었죠.」당시 국내에서 유일하게 칠예과가 있는 배재대학교에 진학한 민우 씨는 대학원까지 마치고 아버지와 함께 작업실에서 배움을 이어 가며 작가로서 공예계에 조금씩 이름을 내비치고 있다.

다영 씨는 오빠보다 순조로웠다. 미술을 좋아했고 고등학교 때 한국전통문화대학교 공모전에서 총장상을 수상해 특별 전형으로 같은 대학에 합격했다. 실기는 집에서도 배울 수 있어 학과는 전통 미술 공예학과를 선택해 주로 이론을 공부했다. 오빠처럼 가업을 이어야 한다는 부담감이 덜한 편이라 작품 제작보다 언어를 더 공부해 국내외에 전통 공예를 알리는 가교 역할을 하는 게 꿈이다. 생각하는 방식도 민우 씨와 다르다. 〈오빠는 성실하고 진솔하게 작업하면 언젠가는 알아줄 것이다. 버티는 자가 이긴다는 생각으로 우직하게 작품을 만드는 사람이에요. 하지만 사람들에게 공감을

얻고 판매도 이루어져야 작가 활동을 이어 갈 수 있지 혼자 만족하며
묵묵히 있어서 될 일은 아닌 것 같아요)라며 똑 부러지게 말한다.
조금 과장해서라도 전통 공예에 대한 가치를 알리는 마케팅이
필요하다고, 누가 알아주기만을 기다리는 건 욕심이라며 오빠의
말을 반박하기도 한다.

서로 다른 견해만큼 남매의 작품 색깔도 다르다. 민우 씨는 화려한
색감이 돋보이는 작품을 제작해 전통 채화칠기의 매력을 그대로
뽐내면서도 현대 생활에 어울릴 수 있도록 형태는 모던하게
디자인한다. 항균 작용이 있는 옻칠의 특성을 도마나 칼에 적용해
보기도 한다. 다영 씨는 다른 소재와 함께 사용하는 것을 좋아한다.
단순한 형태에 금속으로 가장자리를 마감해 세련된 느낌의 생활
식기를 주로 만든다. 무형 문화재가 되기 위해 순수하게 전통
채화칠기를 하는 아버지에 반해 남매는 전통 공예 기법은 따르되
자신만의 개성을 찾기 위한 실험을 시도하는 중이다. 네 명의 가족이
각기 다른 색을 지녔으면서도 같은 곳을 바라보며 걷는다는 게 얼마나
큰 힘과 자극이 될까? 그리고 아버지가 이루어 놓은 터전에서 편하게
작업할 수 있는 남매에게 무슨 걱정이 있을까라는 생각을 했다.

## 지켜야 하기에 희생하는 것

「회사에 다니는 친구들은 편하게 집에서 작업하고 연봉이나 승진에
대한 걱정이 없지 않느냐며 부러워해요. 하지만 저는 출퇴근하는
친구들이 부러워요. 평범한 직장 생활이 제가 바라던 삶이었거든요.」

친구들과 약속이 없는 날에 민우 씨가 집 밖으로 나갈 일은 거의
없다. 아침에 눈을 떠 방에서 열 발자국도 되지 않는 곳에서
밥을 먹고, 스무 발자국도 되지 않은 곳에서 일을 시작해 하루를
마무리하는 일상이 누군가에는 편한 삶으로 보일 테지만 이들에겐
조금 불편하다. 집은 휴식을 위한 공간인데 남매에게는 그저
일터이기 때문이다. 최근에는 작품 수량이 많아지며 휴식 공간이
점점 더 축소되었다고 하소연이다. 그러다 문득 이들의 사적인
공간이 궁금해졌다. 민우 씨와 다영 씨의 방은 작업실과는 전혀 다른
모습이다. 귀여운 피겨린과 게임기, 컴퓨터가 놓여 있는 민우 씨의
방, 옷들과 구두가 있는 다영 씨의 방은 여느 20~30대의 모습과
비슷했다. 전통 공예품으로 가득 차 있는 작업실을 먼저 보아서인지,
전통 공예가라는 직업 때문인지 이들을 만나기 전 나도 모르게
편견이 있었다는 것을 깨달았다. 화려한 채화칠기 작품에 반해
이들의 삶은 평범했다.

그래도 직장에서 겪게 되는 스트레스 같은 것은 덜하지 않느냐는
물음에 작가로서의 고충을 털어놓는다. 「옻과 천연 안료 등의
재료값이 비싸고 붓을 내려놓고도 2~3년 뒤에 완성이라고 말할 수
있기 때문에 월급처럼 들어오는 고정 수입이 없는 것이 현실이에요.」
작품 판매가 이루어지면 목돈이 생기지만 그 날까지 시간이 오래
걸린다고. 그래서 이러한 시기를 잘 나기 위한 방법으로 얼마 전
1층에 카페 겸 갤러리를 오픈한 것이다. 그나마 자신들은 형편이
나은 편이라며 더 힘든 환경에서도 꿋꿋이 전통 공예를 이어 가는

어르신들이 있기에 항상 겸손해야 한다고 말한다.

어릴 적 미술을 싫어했다던 민우 씨, 그리고 다영 씨는 전통 공예를
잇는 흔치 않은 젊은이들로, 사라지려는 것을 지키기 위해 애쓰고
있다. 시간이나 재료비 절감을 위한 편법이나 흐트러짐은 상상할 수
없다. 자신의 편의를 위해 과정 하나라도 건너뛰는 얕은 수법을 쓰는
날에는 반드시 문제가 생기기 때문이다. 작가의 양심과 성실함이
작품에 고스란히 묻어나는 일이다. 이러한 작업을 하는 이들에게
오늘날의 장인 정신에 대해 물었다. 시대마다 전통 공예의 모습이
조금씩 변화하듯 그 생태계에서 현재를 살고 있는 작가의 생각이
궁금했다. 이에 대해 민우 씨는 조금은 대수롭지 않다는 듯 대답한다.
「장인이라는 단어를 전통에만 국한하기보다 자신의 분야에서 최선을
다하는 사람을 다 장인이라고 말하고 싶어요.」 여기에 다영 씨가
한마디 덧붙인다. 〈한자리를 오랜 시간 변하지 않는 마음으로 지키는
사람〉이라고.

〈좋아하니까, 하고 싶으니까, 재밌으니까〉라는 이유만으로 당연히
직업을 선택할 수 없다. 가족을 이해하고 자신의 자리를 묵묵히
지키며 전통을 이으려는 민우 씨와 다영 씨를 보며 흥미를 잃으면
쉽게 지쳐 버리는 자신을 타박했다. 신나는 일만을 좇으며 들떠 있던
나날에 묵직한 돌덩이 하나가 가슴에 턱 떨어져 파장을 일으킨 그런
날이었다.

# Q&A

**만약 부모님이 이 길을 권유하지 않았다면 채화칠기를 선택했을까요?**

**민우** 아마 안 했을 거예요. 너무 힘들거든요. 배울 것도 많고 손도 많이
가고 시간도 오래 걸리는데, 알아주는 이는 드무니까요. 저는 부모님의
대를 이어서 자연스럽게, 조금은 어쩔 수 없이 시작한 거잖아요.
하지만 학교 선후배 중에는 대를 잇는 게 아닌, 자신이 직접 이 길을
선택한 사람들이 있어요. 저랑 상황이 다르죠. 저는 그런 사람들이 참
존경스럽더라고요.

**다영** 오빠는 대를 이어야 한다는 부담감이 있지만 저는 자유로운
편이에요. 그래서 공예 이론을 공부한 거고요.

**취업률이 낮은 학과들이 폐지되는 추세인데, 최민우 작가님이 졸업한
배제대학교의 칠예과도 없어졌다고요?**

취업과 다소 거리가 먼 학과 순으로 폐지되고 있다는 기사를 봤어요.
어떠한 특정 기준을 보편적 기준으로 세우고 판단하는 건 조금 위험한 것
같아요.

**최근 전통 공예를 잇는 젊은이들의 생각이 많이 변화했다고 했는데 무슨
의미인가요?**

**다영** 작품을 만드는 것도 중요하지만 사람들에게 인정받고 소비되는 것도
중요해요. 이런 의미에서 예전과는 다르게 작가 스스로 홍보와 마케팅을
해야 하는 시대인 것 같아요. 손재주 있는 사람이라면 만드는 것 정도는 다
할 수 있거든요. 전통을 답습만 할 게 아니라 개성을 찾아야 할 것 같아요.

**민우** 시대에 발맞춰 나가려면 트렌드를 읽어야 하고 민첩하게 움직여야
해요. 저는 전통 공예 기법은 따르되 형태는 현대적이고 생활에

실용적으로 사용할 수 있는 것을 주로 만들어요.

문화 재단이나 기업에서 전통 공예와 디자인의 협업 프로젝트라는
이름으로 이슈를 만드는 데 관해 어떻게 생각하세요?

민우 저는 굉장히 긍정적으로 생각해요. 어느 디자이너가 자신의 제품에
옻칠을 하고 싶다고 찾아온 적이 있어요. 그런데 옻칠이 래커 스프레이로
뿌리듯 간단한 공정인 줄 아는 사람이 꽤 있더라고요. 협업을 할 땐
먼저 상대의 작업 과정을 잘 이해하고 시작하면 좋겠어요. 저희는 보통
6개월에서 1년 정도의 시간이 걸리는데 한두 달 안에 결과물을 보여 줘야
하는 프로젝트가 대부분이라서 많이 아쉬워요.

자식의 입장에서 40년 동안 한 우물만 판 아버지의 모습을 보면 어떤
생각이 드나요?

다영 작가로서 존경스럽죠. 어렵지만 고집 있게 한길을 오랫동안
걷는다는 건 보통 사람이 아니면 하지 못한다고 생각해요. 이 일로 가족을
건사하셨다고 생각하면 정말 대단하다는 말밖에는 안 나와요.

작업하며 가장 힘든 점이 뭐예요? 자신만의 극복 방법이 있나요?

민우 생각했던 것보다 결과물이 나오지 않을 때죠. 채화칠기는 1부터
100까지 모든 계획을 세우고 시작해야 돼요. 하지만 중간 단계에서
문제가 생기면 짜증이 나는 한편 이런 것도 경험이라고 생각하며
마음을 다잡아요. 그리고 요즘 가족 외 다른 동료가 필요하다는 생각이
들더라고요. 지금은 부모님이 계시지만 이 시간이 영원할 순 없으니까요.
다영 전통 공예가 생각보다 체력전이에요. 특히 덩치가 큰 작업을 할 때면
여성이 하기엔 힘이 부족하다는 생각이 많이 들어요. 어머니도 그렇고 저
역시, 덩치가 작은 생활 목기나 액세서리로 방향을 전환했어요.

작가님의 이야기를 듣다 보니 전통 공예를 잇기 위해 젊은이들이 흔히 누리고 싶어 하는 자유나 연애 등을 포기한 것 같아요. 요즘 포기하는 삶을 일컬어 N포 세대라고 말하는 현상에 대해 어떻게 생각하세요?

민우 서로 각자 힘들어 하는 것이 있는데, 자신만 너무 힘들고 괴롭다고 생각하는 것 같아요. 회사 다니는 친구는 그들 나름대로 힘들고 저는 제 나름대로 작업이 힘들거든요. 이 힘든 시기와 경험이 있어야 안정적인 중년을 맞을 수 있다고 생각해요. 언론에서 말하는 N포 세대는 말만 다를 뿐 이전 세대도 겪은 일인걸요.

다영 자기 욕심을 괜히 N포 세대라고 말하는 것 같아요. 연애도 잘하고 결혼도 잘하고 내 집도 갖길 바라는데…… 이 모든 것을 어떻게 다 이룰 수 있어요. 못 하는 게 당연한데 다 잘하려고 하니까 회의감만 드는 거죠.


작가님은 자식에게 이 일을 물려줄 건가요?

민우 저는 100퍼센트 자식의 선택에 맡길 거예요. 아버지 세대에서 저희 세대까지도 많은 것이 변화했는데 제 자식 세대에서는 또 어떻게 변할지 모르니까요.

다영 저도 자식에게 하고 싶은 것을 스스로 찾게 할 거예요. 하지만 미술 교육은 꼭 시키고 싶어요. 미술은 문화를 바라보는 안목을 높이고 생각을 자유롭고 다양하게 할 수 있도록 도와주는 것 같아요.

털이 상하지 않도록 가지런히 정리한 붓들.

채화칠을 할 때 사용하는 안료와 붓을 깔끔하게 정리해 둔 작업대 풍경.

어머니 김경자 씨가 만든 채화칠기 작품들.

항균 작용이 있는 옻칠의 특성을 칼에 적용해 본 민우 씨의 작품.

화려한 색의 채화칠을 더해 만든 곡괭이.

모던한 디자인을 추구하는 다영 씨의 작품.

단순하면서도 조형적 형태가 돋보이는 민우 씨의 낮은 테이블.

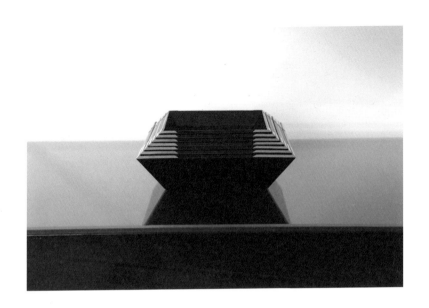

현대 생활 공간에 잘 어울리는 심플한 형태의 사각 볼.

민우 씨의 손에서 여러 번의 옻칠 과정을 거쳐 건조 중인 원형 그릇들.

베바르기를 할 때 사용하는 넓적 붓. 낡고 헤진 붓을 통해 이들이 얼마나 고된 노동을 하는지 짐작할 수 있다.

# 06

연극 연출가

전윤환

혼자 연극을 보러 간 적이 있었다. 그날 왜 그랬는지 기억이 잘 나지 않지만
대학로를 걷다 소극장의 공연 포스터를 보고 무작정 그곳으로 향했다. 연극
제목도 배우의 이름도 기억나지 않는다. 의자 하나 덜렁 놓여 있는 무대였고
한 명의 배우가 1시간 30분가량 독백으로 공연을 끌고 나갔었다. 관객과
일일이 눈을 맞추며 연기하던 배우가 내뿜던 그 오라가 잊히지 않는다.
다른 세계에 잠시 다녀온 기분이었다. TV나 영화, 책을 통해서는 느낄 수
없던 공연만의 매력이었다. 묘했다. 이러한 매력의 연극이 누군가에게는
인생을 바꿔 놓는 큰 사건이었다. 어떠한 것에도 흥미를 느끼지 못하고 하루
종일 잠만 자던 한 청년이 연극을 알게 되며 꿈을 꾸고 움직이기 시작했다.
맨몸으로 부딪히며 자신의 길을 개척해 나가는 연극 연출가 전윤환 씨의
이야기다.

전윤환  1986년생. 청주대학교 연극학과를 졸업했다. 대학교 3학년 때 젊은
연극인들이 마음껏 무대에 오를 수 있는 축제를 만들기 위해 동기들과 극단
앤드씨어터를 만들었다. 방송국 FD, 공연 조연출, 세차 아르바이트 등을 병행하며
예산만 모이면 축제를 만들었다. 이십할 페스티벌, 15분 연극제, 한국근대문학극장이
그가 기획한 대표 연극 축제다. 제34회 서울연극제에서 「미래도둑」으로 연출상을
받았다. 동인제 극단 혜화동 1번지의 동인으로 이곳에서 사회를 향한 메시지, 실험적인
방식의 공연 등을 선보이고 있다.

## 포기하는 것도 힘들다

취업난이 극심한 요즘, 때려 치고 싶다는 생각이 수십 번 들겠지만
포기하는 것도 쉽지 않다. 졸업은 했는데 일자리는 없고, 어디서부터
어떻게 해야 할지 모르겠다. 이 같은 상황은 취업 준비생뿐만 아니라
연극인에게도 해당된다. 그들에겐 무대에 오르는 것이 취업이다.
막연하게 연극계는 진입 장벽이 높을 거라 생각했는데, 연극 연출가
전윤환 씨가 예상외의 답변을 한다. 〈전혀 그렇지 않다〉라고. 입구는
넓은데 출구가 없을 뿐이라고. 「제 개인적인 생각이지만 연극은 다른
예술 장르보다 시작하기 쉬운 것 같아요. 마음 맞는 사람만 있으면
극단을 만들 수 있고 공연장을 대관할 돈이 없다면 옥상이나 마당,
작은 카페에서라도 할 수 있거든요. 문제는 관객이에요. 연극의
3대 요소라 말하는 무대, 배우, 관객 중 한 요소가 충족되지 못하면
연극을 할 수 없거든요. 국내 관객은 아직 신생 극단이나 소극장
공연에 큰 관심이 없는 것 같아요. 보러 오는 사람이 없으니 공연을
할 수 없고 자연스레 기회 자체가 주워 지지 않는 상황이 반복되죠.」

윤환 씨는 기성 극단에 들어가기보다 자신의 목소리를 직접 내고
싶어 동료들과 〈앤드씨어터〉라는 이름의 극단을 차리고 신진
예술가 지원 사업에 도전했다. 연출가로서 어떻게든 시작해 보려

했지만 쉽지 않았다. 〈지방대 출신이라 무시하는 건가?〉라는 괜한 자격지심도 있었다. 신진 예술가에게 나이나 경력을 따지는 불합리한 시스템과 마주할 때마다 맞섰지만 번번이 지기만 했다. 연극을 향한 윤환 씨의 열정은 단단한 벽에 부딪히며 점점 약해져 갔다. 그러다 결국 방 안에 틀어박혀 벽만 보며 지내는 생활을 하기에 이르렀다. 그러던 어느 날, 문득 이런 생각이 스쳤다. 〈지금껏 내가 시도한 것만이 전부일까? 선배들이 해오던 방법만이 정답일까? 지원 사업에 의존하지 않고 할 수 있는 방법은 없을까?〉 벽에 부딪혀 약해졌다고 생각한 상처들이 굳은살이 되어 단단하게 올라와 있었다. 〈벽만 보고 있는 청년들이여! 기회도, 연줄도, 포트폴리오도 없는 20대여 모여 주오!〉 2012년, 그가 페이스북에 올린 글이다. 한탄만 하지 말고 함께 모여 부딪히고 깨지고 또 부딪혀 보자고 외쳤다. 자기반성의 목소리이자 도전이었다. 술자리에서 친구들에게 푸념만 늘어놓을 게 아니라 뭐라도 해보자 싶어 호기롭게 외쳤다. 뜨거울 줄 알았던 반응은 고요하기만 했다. 그래도 윤환 씨는 포기하지 않았다. 연출가로서 작품을 무대에 올리기 위해 조연출, 세차장 아르바이트 등으로 돈을 모으고 틈틈이 공연 준비를 했다. 먹구름만 가득했던 윤환 씨의 인생이 점점 맑아 오기 시작했다. 2013년 제34회 서울연극제를 통해 「미래도둑」을 올리고 연출상을 받았다. 이때 뜻이 맞는 동료도 만났다. 오세혁, 민새롬, 이대웅, 유영봉 등의 젊은 연출가들과 〈서울프로젝트〉라는 그룹을 만들어 페스티벌을 준비했다. 1년간의 준비 끝에 2014년 「화학작용-선돌편」이라는 축제가 완성됐다. 스무 개가 넘는 극단이 자생적으로 모여 하나의 축제를 만들어 나가는 형식이다. 예기치 않은 극단들이 우발적으로 만났을 때 어떤 작용을 하는지에 대한 질문에서 시작된 것으로 여러 개의 극단을 제비뽑기한 후, 편성된 두 개의 팀이 한 회 차의 공연을 하는 식이다. 당시 연극계에서는 젊은 연극인이 자발적으로 모여 20~30개의 팀을 이루어 공연한 적이 없었다며 참신한 기획력에 호평을 보냈다. 서로의 사정을 잘 아는 20~30대 젊은 연극인들이 서로를 응원하고 지지했다. 윤환 씨는 서울프로젝트를 준비하며 동료가 힘이라는 것을, 또래 집단의 유대감과 결속력의 중요성을 알게 됐다.

## 20대들이여 모여 주오

서울프로젝트의 공연이 무사히 마무리되고 한숨 돌리고 있을 때였다. 2012년에 윤환 씨가 페이스북에 〈20대여 모여 주오!〉라고 올렸던 글이 갑자기 공유되기 시작했다. 그때 생각이 아직도 유효하냐는 메일도 받았다. 서울프로젝트를 통해 에너지를 얻은 윤환 씨는 전진했다. 「제가 마지막 20대를 보내는 스물아홉 때 일이었어요. 저는 정말 운 좋게 연극계에서 잘하기로 소문난 30대 형, 누나들을 만나 함께 공연을 만들고 연극의 재미를 되찾았죠. 하지만 어둡기만 했던 저의 지난날처럼 다른 많은 젊은 연극인들이 설 자리가 없어 지쳐 있을 거라는 걸 누구보다 잘 알고 있었어요. 저의 마지막 20대에 해야 할 일이라고 생각했어요. 현재에 안주하는 20대들에게 공격적으로 이야기하고 싶었고 연극계 선배들에게 질문하고 도전하고 싶었어요. 그래서 이름을 〈이십할 페스티벌〉이라고 짓고 20대 연극인들을 모으기 시작했습니다.」

이십할 페스티벌은 〈이십 대들이 할〉의 준말이기도 하지만 전투적인
자세를 보여 주기 위해 의도적으로 욕처럼 들리게끔 지은 이름이기도
하다. 페이스북을 통해 내용을 공유하고, 네이버 밴드를 활용해
서로의 의견을 교환하며 만남을 이어 갔다. 이렇게 모인 젊은이
200여 명의 고민은 예상과 크게 다르지 않았다. 기회조차 주지 않는,
시작조차 할 수 없게 만들어 놓은 연극계 구조에 대해 하소연했다.
그렇다면 우리가 서로의 관객이 되어 주고 우리들이 놀 수 있는
놀이터를 한번 만들어 보자고 의기투합하기로 한다.


2014년 12월 한겨울, 서울 종로구 혜화동 마로니에 공원에서 20대
연극인들이 모여 10일간의 야외극 축제 이십할 페스티벌을 열었다.
이 소식을 듣고 극장을 제공하겠다는 연극인도 있었지만 윤환
씨는 거절했다. 얼음같이 차가운 땅 위에서 자신들을 이야기하는
것이야말로 더 큰 울림이 되어 사람들에게 각인될 것이라는 걸 알고
있었다. 다행히 이들의 열정과 노력이 묵살되지 않았다. 다양한
미디어를 통해 주목받고 소개되며 많은 이에게 응원의 박수를
받았다. 이후 이십할 페스티벌은 20대 연극인들을 모으기 위해
시작한 축제인 만큼 윤환 씨는 서른 살이 되면서 후배에게 기획자의
자리를 내주고 물러났다. 지금도 매년 겨울이면 대학로 거리에서
이십할 페스티벌이 열린다.


윤환 씨는 서울프로젝트와 이십할 페스티벌을 기획, 진행하며 젊은

연극인들의 놀이터를 만드는 방법 중 하나가 페스티벌이라는 확신을 갖게 됐다. 단순히 연극을 만드는 게 아니라 여러 극단이 자유롭게 놀 수 있는 환경을 만드는 것이 중요하다고 생각했다. 그렇게만 된다면 그동안 젊은 연극인에게는 기회가 적을 수밖에 없었던 구조적인 문제점이 개선될지도 모른다는 희망이 보였다. 그날 이후 윤환 씨는 선배들을 따라 조연출가로서 경력을 쌓고 돈이 모이기만 하면 젊은 연극인들의 중심에 서서 페스티벌을 만들었다. 인천아트플랫폼을 중심으로 열리는 〈15분 연극제〉와 〈한국근대문학극장〉이 그가 만든 대표 연극 축제다. 15분 연극제는 사람들이 극장을 어렵게 생각하고 특별한 공간이라고 여기는 것 같아 극장의 문턱을 낮추기 위해 카페나 사무실 등에서 15분간 공연을 하고 사라지는 식이다. 한국근대문학극장은 2014년부터 인천아트플랫폼 입주 작가들과 기획한 축제로 젊은 연극인의 시선으로 근대 문학을 재연출하여 선보이는 공연이다. 이제는 해마다 찾아오는 팬이 있을 만큼 인지도 있는 연극 축제가 되었다.

## 동료가 힘이다

「제가 대학교 때 존경하던 선배들이 졸업 후 대학로에 오래 남아 있지 못하는 이유에 대해 곰곰이 생각해 본 적이 있어요. 선배들 중 연출자가 드물기도 했고 연기를 잘하는 사람은 많은데, 자리는 한정적이기 때문이지 않을까? 그렇다면 우리의 생존 환경을 직접 만들어야겠다는 생각이 들었어요.」 연기자가 되기 위해 연극학과에 진학한 윤환 씨가 연출가로 전향한 이유, 졸업 후 기성 극단에 들어가지 않고 극단을 꾸린 이유가 여기에 있다. 2008년 윤환 씨는 동기, 후배들과 앤드씨어터라는 이름의 극단을 만든다. 학교에서 연습하고 각자 아르바이트를 해서 대학로 극장을 대관할 돈이 모이면 공연을 했다. 당시 200만 원이면 소극장을 일주일간 대관할 수 있었다. 교통비도, 식대도, 공연에 대한 보수도 불가능한 열악한 환경이었지만 앤드씨어터의 멤버들은 공연을 할 수 있다는 그 자체만으로도 행복했다. 그땐 그랬다.

서울프로젝트와 이십할 페스티벌을 시작으로 지금은 연출가로서 인정받는 그이지만 공연을 할 수 있는 것만으로도 행복했던 그때의 그는 없다. 「선배들의 충고 중 〈우리 때도 그랬어〉라는 말이 가장 듣기 싫어요. 이 구조는 변할 수 없으니까 지금이라도 다른 걸 하는 게 좋을 거라고 말해요. 왜 이런 말뿐인지 문제점에 대한 답을 찾으려면 할수록, 사실 지치기도 합니다.」 기성세대가 살기 위해 다음 세대를 착취하는 행동을 〈우리 때도 그랬어〉라는 말로 합리화하려는 것에 윤환 씨는 화가 났다. 그랬던 윤환 씨인데, 연출가로서 연극계의 부조리를 답습하고 있는 자신을 보게 됐다. 배우와 스태프들에게 정당한 보수를 지불하지 못하면서 자신의 연출극에 노동을 부탁하는 것, 비판하고 반대하던 구조를 바꾸지 못하고 결국 따르는 자신을 발견할 때면 괴롭다.

지난 2017년 4월 18일에 윤환 씨가 페이스북에 이런 글을 하나 올렸다. 프린지 페스티벌 〈올모스트 프린지〉의 패널로 참가하며

올린 자조 섞인 고백이었다. 〈순수, 순진하게 작품만 생각했던
시절은 갔다. 이번 작업을 통해 다음 작업의 기회를 생각하게 된다.
지원금을, 공기관의 호명을, 연말 시상식의 수상을 할 수 있는 작업은
무엇일까 고민하고 그럴 수 있는 작품을 구상한다. 나는 지워지고
제도만이 남아 작품을 만들고 제도가 작품의 기회를 다시 부여한다.
별생각 없던 창작자를 줄 세우고 별만 생각하게 만드는 것이다.
이것이 30대에 연극 만들기를 하고 있는 내가 처한 세계다.〉 그의
지친 목소리가 들리는 듯하다. 각종 페스티벌을 만들어 동료들과
협업하며 지속 가능한 공연을 만들려고 했던 그의 노력이 결국
기존의 구조에 갇혀 무너지는 건 아닌지 염려됐다.

그로부터 한 달 뒤, 남산예술센터를 채우는 11명의 작가, 연출가
중 한 명으로 윤환 씨가 선정됐다는 기사를 접했다. 2015년 그가
혜화동 1번지에서 선보인 「창조경제」가 2017년 7월 6일부터
10일간 남산예술센터에서 다시 열렸다. 〈나의 창조활동이 나의
경제생활에 도움이 되었으면 좋겠습니다〉라는 주제로 시작된
「창조경제」는 작은 극단이 자생하기 위해 만들었던 〈상업극〉이라는
이름의 페스티벌에서 참가 극단의 한 사람으로 참여해 기획했던
공연이다. 서바이벌 리얼리티 쇼를 차용한 것으로 배우가 실패의
과정을 나열하면서 우리의 창조 활동과 우리의 경제생활이 어떻게
교차하고 충돌하는지에 대해 이야기를 나눈다. 당시 100석이었던
객석이 300석으로, 5회 차였던 공연 회수는 9회 차로 확대되며 다시
한번 주목을 받았다. 순수하게 작품만 생각했던 그때의 그는 없지만
동료들과 함께 살아남기 위한 그의 외침은 이렇게 연극을 통해

계속해서 발현하고 있다.

윤환 씨는 수없이 도전한다. 그 도전이 기회를 주었고 연극인으로서 앞으로 나아갈 수 있는 길을 열어 주었다. 그렇다고 그의 결과물이 도전만 해서 이루어진 건 아니다. 포기하지 않고 버티는 힘이 어쩌면 도전보다 더 중요하다는 것을 그의 궤적이 말해 주고 있다.

# Q&A

사춘기 때 방황을 조금 했어요. 그땐 모든 것이 재미가 없었어요. 흥미로운
게 하나도 없으니까 학교에서나 집에서나 매일 잠만 잤죠. 그러다 두
달가량 가출을 했어요. 길을 가다 우연히 어느 공원에 들어갔는데 할머니,
할아버지가 줄을 서서 급식을 받고 계시더라고요. 저는 외동아들인데
내가 잘못되면 부모님이 노년에 힘들게 살 수도 있겠다는 생각이
들었어요. 그리고 곧장 집으로 들어갔죠. 퇴학을 겨우 면하고 반성문을
쓰는데, 거기에 연기를 하고 싶다고 썼어요. 그땐 연예인에 대한 막연한
동경이었죠. 아무 생각 없이 살다 뭔가를 하고 싶다고 하니까 아버지가
연기 학원을 등록시켜 줬어요. 고등학교 2학년 때부터 연기 학원에
다녔죠. 학원에서 대학으로 공연을 보러 갔는데, 문화 충격을 받은 거예요.
무대 위에서 배우들이 땀을 뻘뻘 흘리며 종횡무진 하는데, 그 모습을 보며
갑자기 제가 다른 세계로 훅 하고 빨려 들어가는 기분이었어요. 배우와
공간을 공유하며 숨을 쉬고 있기에 가능한 어떤 특별한 것이었어요.
그때부터 연극을 해야겠다고 결심했고 셰익스피어, 체호프 등의
희곡을 읽기 시작했습니다. 아버지께서 입버릇처럼 〈고등학교만이라도
졸업해다오〉라고 하셨는데 대학을 가고 싶다고 공부를 하니까 무조건
응원해 주셨죠.

연기자가 아닌 연출가를 하게 된 특별한 이유가 있나요?

2005년 군대에 있을 때 사단 최초로 공연 예술단을 만드는데 저보고
연기도 하고 연출도 하면서 MC도 좀 해보라고 하더라고요. 장병들을
위한 이벤트를 기획하고 콩트도 만들면서 교회에서 성극도 하게 됐어요.
꽤 재밌었어요. 내가 하고 싶은 이야기, 내 목소리를 내는 방법 중 하나가
연출이 될 수 있겠다 싶었죠. 제대 후 대학교 3학년 때부터 연기보다

연출을 하겠다고 마음먹고 아예 극단을 만들었어요. 지금 쓰고 있는 앤드씨어터는 그때 만든 거예요. 배우는 무대에 서지 않으면 자기 증명을 할 수 없어요. 자신의 존재 이유가 없어지면 힘들어 하다 결국 포기하게 되는 연극계의 이상한 구조가 있습니다. 동료들과 대학로에서 살아남을 수 있는 방법을 고민하고 이를 해결할 수 있는 집단을 만들고 싶었어요. 그 방법이 여러 가지가 될 수 있겠지만 이왕이면 앤드씨어터가 그 역할을 하고 싶어요.

졸업 후 연극계에서 자생해 나가기 위해 5~6년 동안 젊은 창작자 지원 사업에 여러 번 도전했었죠. 거듭 성공하지 못했음에도 불구하고 지치지 않고 버틸 수 있었던 힘은 어디에서 나오나요?

경제적인 이유 때문에 졸업 후 연기 학원을 운영했어요. 우리가 돈을 벌기 위해 학원을 시작하긴 하지만 1년에 한 번씩은 꼭 우리의 공연을 무대에 올리겠다는 이상적 계획을 가지고 시작했죠. 동료들과 돈을 모아 신사동에 학원을 차렸는데 첫해에 무척 잘됐어요. 욕심이 나서 부천점을 냈는데 망했죠. 신사동점을 유지할 수 없을 만큼 어려워졌어요. 몇 달은 월세조차 감당할 수 없어서 EBS〈스페이스 공감〉의 FD 아르바이트를 병행했어요. 당시 월급이 그 월세의 반도 안 되는 금액이라 경제적으로 힘들었지만 좋은 라이브 음악을 들으면서 마음의 안정을 되찾았어요. 다시 한번 공연의 힘을 느꼈죠. 「햄릿」, 「킬 미 나우」 등의 작품으로 주로 큰 무대를 연출하는 오경택 선생님의 조연출로도 일했어요. 그때 연극계 시스템을 경험해 볼 수 있었습니다. 조연출과 아르바이트를 하며 모은 돈으로 연극을 하나 만들어 제34회 서울연극제에서 선보였어요. 그때 만든 연극이 「미래도둑」이에요. 전 세계적으로 번지기 시작한 이상 출산 현상에 대한 이야기인데 이 작품으로 연출상을 받았습니다. 태어나서 처음 받아 본 상이었죠.(웃음) 부모님은 물론 특히 오경택 연출가님이 기뻐해 주셨어요. 포기하지 않고 힘을 내서 내가 할 일을 계속한다면 생각지도 못한 때에 뜻밖의 좋은 사람을 만나기도 하고 좋은 결과를 얻기도 했어요.

이 일을 하면서 가장 힘들었던 순간은 언제인가요? 어떻게 극복했나요?

대표 연출작에 대해 소개해 주세요.

2013년 「미래도둑」 이후 2014년 베르톨트 브레히트의 「사천의 선인」을 연출했는데, 그 공연이 처음으로 전 회, 전 석 매진을 하면서 나름 관객과 동료들에게 좋은 평가를 받았어요. 그 뒤로는 주로 팝업 씨어터, 이십할 페스티벌, 15분 연극제, 한국근대문학극장 같은 여러 극단이 함께할 수 있는 연극 축제를 만들고 있습니다.

이 일을 하면서 가장 힘들었던 순간은 언제인가요? 어떻게 극복했나요?

한 고비를 넘기면 또 다른 고비가 찾아와요. 초반에는 동료들과 버틸 수 있는 환경을 만들기만을 바랄 뿐이었는데 지금은 감사하게도 저희를 찾고, 무대를 제공해 주는 곳이 여럿 생겼어요. 최근에는 경제적인 어려움을 어떻게 극복할 것인지에 대해 고민하고 있어요. 연극인들이 어렵게 산다는 얘기, 많이 들어 봤을 거예요. 저까지 그런 말을 하고 싶지는 않지만 사실이긴 합니다.

앤드씨어터의 구성원에 대해 알려 주세요.

앤드씨어터의 구성원은 연출가가 기획자이기도 하고 배우이면서 프로듀서이기도 하고 작가도 되는 멀티 플레이어예요. 고홍진 씨는 2008년 극단을 처음 만들 때부터 지금까지 함께하는 배우예요. 몰입도가 뛰어나고 순수한 사람이에요. 조명 디자인도 잘하죠. 신아리 씨는 배우지만 작품을 쓰는 작가이자 연출도 해요. 저희 팀에서 축구 선수 박지성이라고 불러요. 권근영 PD는 긍정의 에너지가 어마어마한 사람이에요. 세상을 아름답게 보고 아이처럼 순수하게 사람을 좋아해요.

**특별히 영향을 받은 인물이 있나요?**

미디어 아티스트 백남준입니다. 돌발적 행동, 유쾌함, 사회를 향한 메시지 등 백남준 선생님이 보여 준 움직임은 도전 그 자체였어요. 특히 그분이 남긴 명언에 큰 영향을 받았습니다. 〈게임에서 이길 수 없다면 규칙을 바꿔라.〉 연극계 규칙을 바꾸기 위해 도전하고 있는데 쉽지가 않네요. 겁 없이 도전하면 많은 것을 잃어요. 그런데 그만큼 생각지 못한 것을 얻더라고요. 무작정 극단을 만들고 사람을 모으고 페스티벌을 기획하며 도전했던 일들로 좌절을 겪기도 했지만 결국 저를 일으켜 세운 것도 그때의 일과 사람입니다.

**어떤 연극인이 되고 싶나요?**

젊은 연극인들이 무대에 많이 서고 오랫동안 이 일을 할 수 있는 구조를 만들고 싶어요. 앤드씨어터가 페스티벌을 만드는 이유이고요. 힘들어했던 과거의 저를 잊지 않는 사람이 되고 싶습니다.

**연극 말고 지극히 개인적으로 하고 싶은 일이나 계획이 궁금해요.**

작품에 더 집중하고 싶은 생각뿐이에요. 〈내가 왜 연극을 시작했을까? 왜 좋아했을까?〉라고 되물으며 초심을 잃지 않기 위해 노력하고 있습니다. 제 작품이 누군가에게 울림이 되기도 하고 즐거움이 되기를 바랍니다.

복층 구조의 독특한 연극 무대가 있는 인천아트플랫폼의 한 공간.

테이프로 거칠게 감싸여 있는 마이크의 애잔함이 마치 젊은 연극인들의 모습 같다.

〈15분 연극제〉, 〈한국근대문학극장〉 등 윤환 씨가 연출한 공연 포스터가 붙어 있는 인천아트플랫폼의 한편.

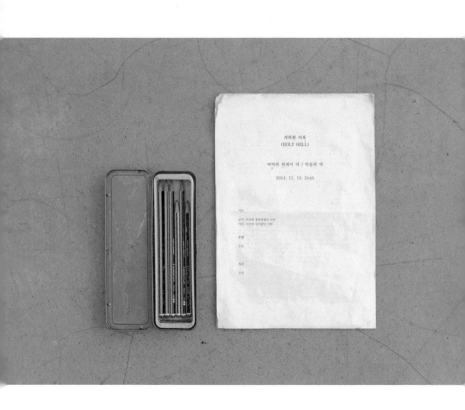

미국에서 활동하는 바바라 진지의 작품을 재해석한 공연을 준비 중이던 윤환 씨.

다채로운 표현력을 위해 몸의 움직임에 대한 단어 공부를 꾸준히 한다는 그의 흔적.

윤환 씨가 인천아트플랫폼을 무대로 만드는 15분 연극제는 해외 연극 관계자들도 여럿 참가하는 공연으로 인기가 꽤 좋다.

# 07

맞춤 웨딩 디렉터

하찬연, 한재준

사전에서 결혼이란 남녀가 정식으로 부부 관계를 맺는 것을 의미한다.
제3자가 지켜보는 가운데 부부 관계에 대한 서약을 맺고 의식을 치르는
것이 결혼식이다. 진심으로 신랑과 신부를 축복해 주는 사람들과 함께하는
시간을 갖는 것이야말로 결혼식의 참된 의미 아닐까. 자신만의 개성 있는
결혼식을 올린 한재준, 하찬연 부부의 이야기가 특별한 이유가 이 때문이다.

한재준(왼쪽)  1982년생. 패키지 디자인 전문 회사에서 디자이너로 일한 재준 씨는
동갑내기 아내 찬연 씨와 함께 알지비지구맛을 운영하고 있다. 이상을 좇는 예술가
같은 찬연 씨보다 조금 더 현실적인 그가 디자인, 설치, 운영을 비롯해 재무를 담당하며
알지비지구맛의 미래를 고민하고 있다.

하찬연(오른쪽)  1982년생. 대학에서 그래픽 디자인을 전공하고 MBC에서 방송 관련
타이틀 디자이너로 5년간 일했다. 자신의 개성과 취향을 담은 결혼식을 직접 준비하다
주변 반응을 보고 하우스 웨딩에 대한 가능성을 발견했다. 무언가에 꽂히면 깊이
파고드는 그의 성격 덕분에 알지비지구맛이 탄생할 수 있었다. 두 사람은 결혼의 본질적
의미를 놓치지 않는 결혼식을 만들기 위해 노력하고 있다.

## 나만의 결혼식

얼마 전 프랑스 시골에서 열린 친구의 결혼식을 찾았다. 양가 지인을 모두 합쳐 50여 명이 안 되는 작은 규모의 결혼식이었다. 신부는 주변 지인들의 도움으로 드레스를 만들고 머리를 장식했다. 집 근처 성당에서 식을 올리고 집 앞 정원에서 피로연이 이어졌다. 양가 부모님의 축사와 신랑, 신부의 행복한 춤으로 피로연의 시작을 알렸다. 음식과 술은 셀프, 정원에 마련된 작은 무대 위에서는 신랑, 신부의 뒤를 이어 친구들의 이벤트가 이어졌다. 아침 일찍 준비를 시작해 자정이 넘어서야 결혼식이 마무리된 그날은 멋진 장면과 유쾌한 에피소드로 가득한 좋은 추억이 되었다. 신랑이 외국인이라는 문화적 특성만 제외한다면 아마 지금 말한 결혼식이 요즘 예비부부들이 그리는 결혼식이 아닐까?

2012년 디자이너 출신의 부부 한재준 씨와 하찬연 씨가 홍대에 오픈한 알지비지구맛은 맞춤 결혼식을 전문적으로 디자인하는 웨딩 디렉팅 회사다. 대학 동기였던 재준 씨와 찬연 씨는 연애 당시 여느 커플처럼 종종 결혼에 대한 이야기를 나눴다. 「아내가 양가 어른들의 행사가 아닌 신랑, 신부가 진짜 주인공인 결혼식을 하고 싶다고 말했는데, 그땐 그 의미를 잘 알지 못했어요.」 언제가 될지 몰랐던 이들의 결혼식은 생각보다 일찍 찾아왔다. 우연히 아이를 먼저 갖게 되었고 출산 7개월 후인 2011년 10월에 식을 올렸다. 연애하며 이야기 나누던 결혼식의 로망을 현실로 옮길 때가 된 것이다. 우선 진심으로 축하해 줄, 함께하고 싶은 지인을 가려야 했다. 줘도 욕먹고 안 줘도 욕먹는 게 바로 청첩장이라는 말이 있다. 재준 씨와 찬연 씨도 어렵게 추리고 추려 초청할 사람을 열거해 보니 50여 명이었다. 그리고 하객들을 수용할 수 있는 서울 근교의 펜션을 찾았다. 여기까진 대체적으로 순조로웠다. 하지만 일명 〈스드메〉라고 불리는 스튜디오 촬영, 드레스, 메이크업을 비롯해 원하는 콘셉트에 맞는 장식품을 구하기가 어려웠다. 취향이 확고해 누구보다 어려움을 겪은 찬연 씨가 그날의 난관에 대해 생생히 설명한다. 「당시 대부분의 웨딩 업체에서는 흰색이나 파스텔 핑크 중 하나를 선택해야 했는데, 전 저희만의 감성을 잘 전달할 수 있는 노란색과 보라색을 메인으로 한 레트로 스타일, 빈티지 콘셉트로 연출하고 싶었어요. 여기에 맞는 소품과 음식은 직접 제작하거나 간단한 주문을 통해 해결할 수 있었는데 꽃 장식과 드레스를 구하는 건 생각보다 더 어려운 문제더라고요. 기존의 웨딩 꽃 장식에 익숙한 플로리스트를 설득해 원하는 디자인으로 이끌어 내는 데 꽤 힘들었어요. 게다가 대부분의 웨딩드레스는 실내 웨딩에 맞춘 디자인이라 선택의 폭이 넓지 않았죠. 다행히 지금은 저희 파트너가 된 비바탐탐을 알게 되어 원하는 콘셉트와 가까운 드레스를 찾을 수 있었어요.」 물론 하객들이 즐겁게 놀 수 있도록 다양한 오락거리와 이벤트도 준비했다.

결혼식 당일 재준 씨는 더 바빴다. 신랑 겸 결혼식 공동 기획자로 동분서주하며 식장을 세팅하고 미용실에 들려 깔끔한 신랑의 모습으로 갖춰야 했으며 7개월 된 아기도 돌봐야 했다. 자신이 원하는 것을 얻기 위해 치른 대가가 조금 가혹하다고 느낄 만큼 힘들었다고 당시를 회상한다. 게다가 야외 결혼식 당일 거짓말처럼 비가 내리기 시작했고, 식장 세팅으로 전날부터 밤을 샌 재준 씨와 찬연 씨는 정작 즐기지도 못한 채 식을 올리자마자 지쳐 버렸다. 그날의 해프닝 덕에 두 사람의 결혼식은 지금도 친구들 사이에서 회자되는 추억이 되었다. 사실 한정된 예산과 예상 하객 수, 객관식처럼 나열된 스타일 중 답을 고르듯 선택하면 결혼 준비는 한결 수월하다. 하지만 이렇게 준비한 결혼식이 과연 좋은 추억이 될는지는 장담할 수 없다.

## 인생의 첫 전환점

어릴 적 선생님이 이런 말을 했다. 〈살다 보면 여러 종류의 선택을 하게 되는데 인생에서 첫 번째로 맞게 될 가장 큰 선택이자 전환점이 바로 결혼이다.〉 이 말이 전적으로 맞는지는 아직 잘 모르겠지만 재준 씨와 찬연 씨에게는 해당되는 이야기인 것 같다. 하객들 사이에서 〈나도 너희처럼 결혼식을 하고 싶다〉는 좋은 이야기를 듣게 되었고 자신이 그러했던 것처럼 앞으로 이러한 결혼식을 원하는 예비부부들이 더 많아질 것이라고 확신했다. 한번 빠지면 끝까지 파고드는 집중력과 결단력이 있는 아내 찬연 씨가 먼저 웨딩 디렉팅 회사를 시작해 보자고 말을 꺼냈다. 안정적인 수입을 위해 직장 생활을 원했던 재준 씨는 주춤했다. 「남자들은 열에 아홉은 결혼식에 대한 로망이 별로 없어요. 결혼식을 준비하며 제가 너무 지쳐 있기도 했고요.」 하지만 아내의 끈질긴 설득 끝에 재준 씨는 결국 파트너로서 아내의 손을 잡았다. 2012년 11월 1일 알지비지구맛은 이렇게 탄생했다. 지금은 무보수라도 일을 배우고 싶다는 연락도 받는 전문 회사가 되었지만, 문을 열고 1년간은 적자 생활로 보내야 하는 힘든 시기도 있었다. 당시 국내에서는 맞춤 웨딩, 소규모 웨딩을 기획해 주는 곳이 흔치 않아 참고할 만한 곳도 없었고 결혼식에 관한 일련의 모든 것을 전문적으로 진행해 본 적이 없어 아무리 예산을 잘 잡아도 구멍이 나기 일쑤였다. 그렇다고 포기하기엔 왠지 모를 확신이 들었다. 경험과 포트폴리오를 쌓는다는 마음으로 실력을 축적하며 시간을 견뎌 낸 끝에 이제는 개성 있는 예비부부들이 일등 파트너로 알지비지구맛을 꼽는다.

알지비지구맛은 하객들이 결혼식을 관람하는 게 아닌 참여할 수 있도록 기획하는 것이 특징이다. 신랑, 신부와 사진을 찍는 것이 전부인 기존의 예식과 달리 맞춤형 무대와 다양한 놀거리를 준비하고, 본식만큼은 조용하고 경건하게 진행해 분위기를 반전시키기도 한다. 이러한 알지비지구맛의 점진적 행보는 결혼 문화에 긍정적인 영향을 끼치며 트렌드로 진화하고 있다. 더불어 이와 비슷한 형태의 스튜디오도 조금씩 눈에 띄기 시작했다. 선의의 경쟁을 통해 웨딩 문화가 좀 더 다채로워지고 새로운 영역의 크리에이터가 등장하지 않을까 내심 기대도 된다.

# 당신만을 위한 결혼식

〈예쁜 거 만들면서 돈도 많이 벌어 좋겠다.〉 사람들이 재준 씨와 찬연 씨를 보며 으레 하는 말이다. 하지만 생각보다 굉장한 체력전이다. 결혼식의 시작과 끝을 함께하는 이 부부는 매일 생방송을 찍는 기분이란다. 새벽 꽃 시장과 목공소를 제집 드나들 듯 다녀야 하고 전기 설비는 교양처럼 갖춰야 할 기본 기술이며 1톤 트럭 분량이 넘는 짐을 매일 이사하는 기분으로 들고 나르기를 해야 한다는 걸 알고 나면? 과연 그 말을 또 할 수 있을까? 그래픽 디자인을 전공한 이 부부가 어떻게 웨딩 디렉터가 되었는지 그 연결 고리를 찾기가 쉽지만은 않다. 하지만 자신의 전공을 어떻게 확장하느냐에 따라 선택할 수 있는 직업의 종류는 무척 다양해진다. 하우스 웨딩의 가능성을 먼저 알아본 찬연 씨가 자신의 경험을 비추어 설명한다. 「저희가 웨딩 기획을 하고 있지만 디자인의 범주에서 벗어났다고 생각하지 않아요. 청첩장 디자인을 비롯해 무대 연출을 위한 색채 감각과 안목 등이 모두 그래픽 디자인과 연결되어 있거든요. 전공에 집중하는 것도 좋지만 다양한 분야와 전공을 접목하며 영역을 확장하는 것도 중요해요. 자신이 어떤 일을 할 때 만족감이 큰지 고민해 보고 나만이 할 수 있는 영역을 만들면 좋겠어요.」 알지비지구맛은 자신들이 꾸며 놓은 무대 위에서 여러 사람이 즐거워하고 행복해할 때 가장 큰 보람을 느낀다. 일생에서 가장 행복해야 할 날을 책임지기에 어깨는 무겁지만 자신들을 믿어 주는 것만큼 그 날을 더 빛나고 가치 있게 만들고 싶다고 두 눈을 반짝이며 말한다.

# Q&A

두 분이 시각 디자인을 전공했다고 들었어요.

재준 사실 입시 준비를 할 때 앞으로 무엇을 해야 할지 잘 몰랐어요.
그저 광고 아이디어가 멋있어 보여서 광고 회사에 들어갈 수 있는
학과를 선택한 거였죠. 여러 학과 수업을 듣다 일러스트레이션과 패키지
디자인에 관심이 생겨 패키지 디자인 회사에서 잠시 일했어요.
찬연 고등학교 때 서점에서 우연히 컴퓨터 그래픽 관련 책을 접했어요.
미술이나 디자인에 관심이 있었다기보다 컴퓨터를 활용해 그래픽 툴을
다룬다는 것 자체에 매력을 느꼈죠. 제가 관심 분야가 생기면 깊게
파고드는 성향이라 컴퓨터 그래픽 디자인을 독학하고 온갖 공모전에
응시하며 열정을 다했어요. 대학 생활 4년 동안에는 캐릭터 디자인에
빠져 지냈고요. 캐릭터 디자인은 이야기를 만들어 상품화한다는 점이
매력이에요.

찬연 씨는 MBC 방송국에서 5년간 타이틀 디자이너로 일했죠?

찬연 타이틀 디자인이 이야기와 성격에 맞춰 디자인해야 하는 캐릭터
디자인과 비슷하다고 생각했어요. 제가 디자인을 잘해서 면접에
붙었다기보다 당시 면접관이던 분의 이야기를 들어 보니 제 모습이 꽤
인상적이었다고 하더라고요. 제가 영상 관련 디자인을 해본 적이 없어
사전 준비를 꽤 해서 갔거든요. MBC 방송 관련 타이틀에 대해 조사한
파일을 정리해 면접관들에게 나눠 주며 토론하듯 열정적으로 제 의견을
말했어요. 밝고 성실한 모습이 사람들과 잘 어울리며 긍정적인 분위기를
만들어 줄 것 같아 뽑았다고 하더라고요. 입사 후 캐릭터와 타이틀
디자인에 대한 개념이 많이 달라 적응하는 데 시간이 한창 걸렸죠.

알지비지구맛을 하게 된 결정적 이유가 있나요? 어떤 분들이 이곳을
찾는지도 궁금해요.

찬연 저희 결혼식이 시초였죠. 친구들이 자신도 이런 결혼식을 꿈꾸는데
해주는 곳이 없다고 하더라고요. 주변 반응을 보고 가능성이 있을 것
같아 회사를 다니며 조금씩 준비했어요. 처음엔 문화, 예술, 디자인 등
크리에이티브 관련 종사자가 많이 찾아왔는데 지금은 회사원, 교사 등
직업의 폭이 다양해졌어요.

웨딩 디렉팅 회사를 운영하며 어떤 점이 가장 힘들었나요?

재준 많은 분이 작은 결혼식이라고 하면 규모가 작으니 비용도 적게
들 것이라고 생각하세요. 오직 한 커플만을 위해 모든 것을 새롭게
디자인한다는 특성을 조금 이해해 주시면 좋겠어요.

이 일을 시작하기 위해 새롭게 배운 것이 있나요?

찬연 플라워 디자인 수업을 들었어요. 제가 직접 연출하려고
배웠다기보다 꽃에 대해 어느 정도 알면 색깔 배합이나 모양에 따라
디자인을 좀 더 다채롭게 할 수 있을 것 같더라고요. 꽃과 식물이 공간
분위기에 많은 영향을 미치거든요.

재준 씨는 알지비지구맛을 준비하는 것에 대해 처음엔 선뜻 나서지
않았다고 했어요. 설득당한 결정적 이유가 있나요?

재준 설득당했다기보다 할 수밖에 없었어요. 내가 과연 디자이너로서
직장 생활을 한다면 언제까지 할 수 있을까라는 고민을 하다 독립을
선택한 거예요. 괜히 새로운 땅을 일궈 보고 싶은 개척자 정신이 들기도
했고요.(웃음)

알지비지구맛이 고집하는 룰이 있나요?

**재준** 저는 예비부부의 니즈를 최대한 다 맞추려고 노력하는데, 찬연 씨는
상담하면서 우리와 잘 맞지 않을 것 같으면 아예 시작을 안 하려는 것
같아요.

**찬연** 그 이유가, 예를 들어 수용 인원과 장소가 전혀 맞지 않거나
장소와 콘셉트가 어울리지 않는데 요구하시는 경우 저는 계약하지
않는 편이에요. 돈을 버는 것도 중요하지만 억지로 시작했다가 양쪽
다 만족하지 못하면 고객은 돈을 잃고 저희는 시간과 노력을 버리게
되잖아요. 만족스럽게 하지 못할 바에 저는 하지 말자는 편이에요.


부부가 동업했을 때의 장단점이 궁금해요.

**재준** 하루 종일 함께하다 보니 정서적 리듬이 같다는 게 장점이자
단점이에요. 힘든 일이 생기면 누군가 한 명이 위로를 해주면 좋은데 그게
쉽지 않더라고요. 반대로 좋은 일이 생기면 함께 기뻐할 수 있다는 거죠.


앞으로 국내 웨딩 문화가 어떻게 변화하길 바라나요?

**찬연** 두 사람만의 평생 추억이 될 뜻깊은 행사가 되면 좋겠어요.
알지비지구맛이 그 의미와 가치의 밀도를 높이고 싶고요.

몽환적이면서도 빈티지 스타일을 좋아하는 알지비지구맛의 감성이 묻어나는 소품들.

특별한 의미는 없지만 입에 착 달라붙는 이름, 알지비지구맛.

재준 씨가 웨딩 사진을 찍을 때 주로 사용하는 카메라.

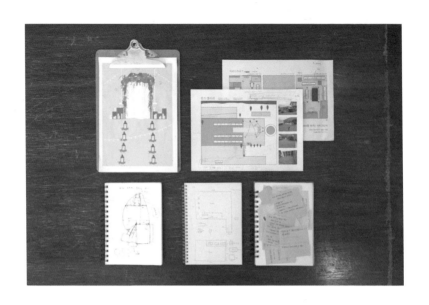

맞춤 결혼식을 위해 직접 디자인한 청첩장과 무대 디자인을 위한 스케치. 현재 청첩장 디자인은 하지 않는다.

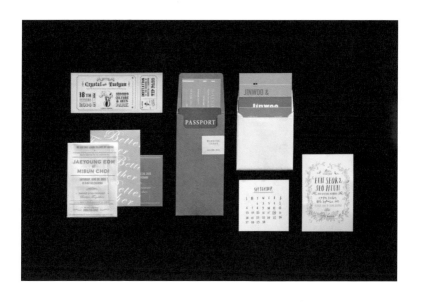

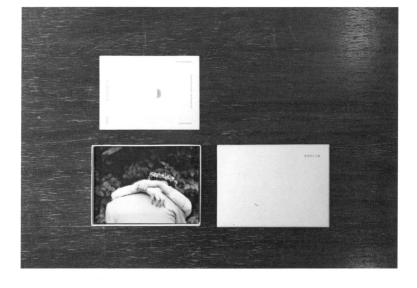

THE FOREST
OF WEDDING

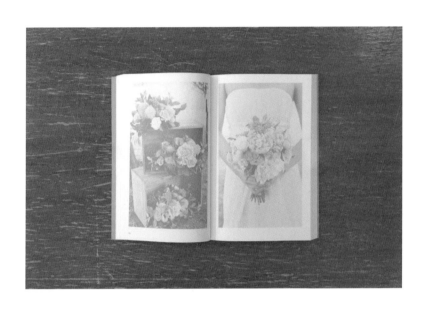

알지비지구맛이 진행한 결혼식 사례들을 엮어 만든 책『웨딩의 숲』.

# 8

한복 디자이너

오인경

어릴 적 명절이면 한복을 꺼내 입었다. 색동저고리와 붉은색 치마의 한복을 입은 내 모습이 꽤 마음에 들었다. 마치 공주가 된 듯한 기분이었다. 할아버지의 칠순 잔치에는 가족들이 한복을 차려입은 기억도 있다. 그리고 결혼식 이후 양가에 처음 인사를 드렸던 날이 한복을 입은 마지막이었다. 이렇듯 한복은 특별한 날, 의미 있는 날에만 챙겨 입는 고루한 의상이라고 생각했는데 이 편견이 깨진 건 한복 디자이너 오인경 씨를 만나고부터다.

오인경  1979년생. 로스앤젤레스 기술 학교에서 패션 디자인을 공부했다. 한복을 공부하기 위해 10년 만에 한국행 비행기를 탔다. 작은 공방에서 시작해 박경숙 한복, 이영희 한복을 다니며 4년간의 직장 생활을 하다 단국대 부설 평생교육원에서 출토 복식의 일인자로 불리는 고부자 교수에게 복식사를 배웠다. 평소 색색의 스타킹과 생활 한복을 즐겨 입는다. 서양 복식을 디자인할 때 자주 사용하던 원단을 한복에 적용한 디자인이 특징이며 다양한 프로젝트를 통해 한복의 가능성을 실험 중이다.

## 한복을 찾는 사람들

최근 한복이 경복궁, 삼청동, 광화문 일대에서 자주 눈에 띈다.
한복을 입고 나들이를 하는 젊은이들도 심심치 않게 발견할 수
있다. 요즘은 광화문 광장이나 삼청동 근처에서 한복을 어렵지 않게
빌릴 수 있어 누구나 쉽게 접하며 즐길 수 있는 의상이 됐다. 여기에
정부 사업도 한몫하고 있다. 2015년 문화체육관광부에서는 한복의
고유성을 살리되 현대 흐름에 조화로울 수 있도록 한복의 경쟁력을
지원하기 위한 〈한복진흥센터〉를 출범했고, 한복의 아름다움을 널리
알리기 위해 구서울역에서 〈서울한복위크〉가 열리기도 했다. 이처럼
한복이 유행처럼 많은 관심을 모으고 있음에도 불구하고 한복은
고루하다는 편견을 쉽게 버리지 못했다. 하지만 우연히 잡지를 통해
본 인경 씨의 생활 한복은 진심으로 한복을 일상복으로서 입어
보고 싶다는 생각을 갖게 했다. 레이스, 린넨, 데님 등의 소재와
스트라이프, 캐릭터 패턴 등의 과감함이 독특하면서도 현대적이었다.
원단만 조금 달라졌을 뿐인데 한복이 한복처럼 보이지 않았다.
한복에 대한 관심과 새로운 가능성에 눈을 뜨게 한 디자이너 오인경
씨를 만나러 그의 숍 이노주단이 있는 창덕궁길로 찾아 나섰다.


장난기 가득한 눈빛과 미소, 밝고 경쾌한 목소리, 한껏 부풀어

오르게 파마한 헤어스타일과 팔목의 별 모양 문신이 인상적인
인경 씨가 〈이노주단〉의 대표이자 디자이너다. 과감한 패턴과
소재의 한복 디자인만큼 그의 첫인상은 무척 강렬했다. 천생 끼
넘치는 디자이너라고 생각될 만큼 그에게서 느껴지는 에너지는
디자이너라는 직업과 잘 어울렸다. 순풍에 돛을 단 배처럼 순조롭게
이 일을 선택했을 것이라 생각했는데, 예상과 달리 한복을
하기까지의 여정이 순탄치만은 않았다.

「스무 살에 온 가족이 미국으로 이민을 가며 때늦은 사춘기를
맞아 방황을 했었죠. 음악 프로듀서가 꿈이었는데 친척들과 함께
미국에서 가족 사업으로 의류업을 하다 보니 어른들은 제가 패션
디자인을 전공해서 사업에 보탬이 되길 바랐어요. 대학에 진학해야
할 나이였기에 지체할 시간이 없었음에도 어학연수를 하겠다는
핑계로 3년의 세월을 흘려보냈어요. 그러다 로스앤젤레스의
기술 학교에서 패션 디자인을 공부하기 시작했습니다.」 여기에는
모종의 거래가 있었다. 시간을 한없이 보내는 딸을 달랠 겸 우선 한
학기만이라도 경험해 보길 바란다는 부모의 부탁이었다. 그래도
정말 하고 싶지 않다면 두말하지 않기로 약속을 받은 후에야 인경
씨는 패션 디자인에 눈을 슬쩍 돌렸다. 거래는 성사됐고 별 기대가
없던 그는 집에서 가까운 로스앤젤레스 기술 학교에 입학했다.
하지만 뜻밖에도 하면 할수록 흥미로웠고 교수진도 알고 보니
세계 각지에서 초빙된 장인들이었다. 그렇게 한 학기, 두 학기를
등록하다 졸업을 했고 이탈리아나 뉴욕의 유명 패션 학교에 가고

싶다는 욕심이 생겼다. 「느지막하게 공부를 시작해서인지 남들보다 더 잘하고 싶고 점수 욕심도 나더라고요. 2년 과정인 학교 수업을 다 듣고도 추가 신청해 3년을 다녔습니다. 유학 준비를 위해 한창 포트폴리오를 준비하고 있던 중 전통 복식에 대해 공부하다 제 뿌리를 알아야겠다 싶어 한복을 배우기 위해 10년 만에 한국을 찾았죠. 공방에서 시작해 박경숙 한복, 이영희 한복을 옮겨 다니며 한복을 익히고 전통 복식학과 고부자 교수에게 출토 복식을 배웠어요. 좀 더 깊이 있게 연구하고 싶어 2012년 연남동에 작업실을 하나 마련했습니다. 그 작업실이 이노주단의 발단이 될 줄 그땐 몰랐죠.」 출토복식은 팔이 땅에 닿을 만큼 옷이 워낙 커서 공간이 넉넉해야 했고 공부를 계속 하려면 작업실이 필요했다. 24시간 1년 내내 머물러 있어도 즐거울 공간을 만들고 싶었다. 필요한 재료가 생기면 바로 구할 수 있게 교통이 좋고 집과도 가까운 곳이어야 했기에 연남동을 선택했다고 한다. 그저 자신이 즐겁게 공부를 하고 싶어 놀이터 같은 작업실을 마련했을 뿐인데 차림새부터 남다른 그를 사람들이 무심히 지나칠 리 없다. 한복의 본래 소재인 명주는 생활하기 불편하고 관리가 번거로워 오롯이 자신의 취향을 담아 면이나 린넨으로 한복을 지어 입은 인경 씨였기 때문이다. 이러한 그를 눈여겨본 한 사람이 맞춤 한복을 의뢰하고 입소문이 퍼지기 시작하더니 의도치 않게 주문이 꾸준히 들어오기 시작했다.

## 즐겁고도 진지하게

이노주단의 한복은 현대 의복과 잘 어울린다. 특히 주황색, 녹색 등

색색의 스타킹을 한복과 매치하면 통통 튀는 매력의 발랄한 여성처럼 보인다. 소재나 색감이 현대적이라고 한복의 특징이나 작업 과정이 간소화됐을 것이라고 생각하면 오해다. 한복을 짓기 위한 일련의 과정을 그대로 담은 이노주단의 한복은 한 벌이 완성되기까지 최소 두 달이 걸린다. 오랜 시간 심혈을 기울여 한 벌을 완성하는 만큼 한복 디자이너로서 사명감도 남다르지 않을까 생각했는데 의외의 대답이 돌아왔다. 「그런 말 듣기가 민망할 정도로 전 사명감이 없어요. 그저 한복을 디자인하고 만드는 것이 좋고 재밌을 뿐이에요.」 부끄럽다는 듯 손사래를 치며 말하는 그이지만 한복을 만드는 인경 씨의 태도는 능동적이고 진지하다. 이노주단에서 볼 수 있는 물건이나 프로젝트가 이를 말해 준다.

가구 디자이너 〈소목장 세미〉와 만든 예단함은 그 목적이 다하면 무용지물이 되는 함을 실용적으로 사용할 수 있도록 새롭게 디자인한 것이다. 종이 상자 대신 오동나무로 짜 맞춤해 만든 상자를 사용하고 실크 스크린 디자이너가 만든 원단을 활용해 한복함 가방을 제작하기도 한다. 〈누에에게 미안해〉는 미국 국제동물 보호단체인 페타의 회원이기도 한 인경 씨의 관심사를 반영한 프로젝트다. 명주의 원재료인 누에를 희생시키는 것이 안타까워 천연 명주를 사용할 때는 그 자투리까지 알뜰하게 써야겠다는 생각에서 시작했다. 그래서 남은 명주 원단을 활용해 티 코스터, 작은 파우치, 테이블 보 등을 만들어 플리마켓에서 판매한다. 바느질을 통해 명상을 하며 배냇저고리를 완성하는 클래스도 인상적이다.

배냇저고리는 여린 피부의 아기가 입는 옷인 만큼 섬세하고 정교한
조상의 솜씨를 배울 수 있을 뿐 아니라 손의 움직임에 집중해 마음을
가다듬게 하는 손바느질의 매력을 경험해 볼 수 있다. 한복을 배우기
위해 10년 만에 한국행 비행기에 올라탄 열정과 그의 밝은 미소만큼
지금의 일을 무척 즐기고 있을 거라 생각했는데 뒤통수를 얻어맞은
듯 두 번째 의외의 대답이 돌아왔다. 「생각지도 못하게 일이 빠르게
전개되고 브랜드를 론칭하게 되어 스트레스를 많이 받습니다.
디자이너로서 잘하고 있는지 자주 뒤를 돌아보게 돼요.」

## 한 단계 더 오르기 위한 성장통

이노주단을 연 지 약 4년만인 2015년 그에게 슬럼프가 찾아왔다.
자신만의 한복 세계를 차곡차곡 쌓고 싶었던 그에게 맞춤 주문
제작은 뜻하지 않은 기회였지만 동시에 수익이 발생해 사업자 등록을
해야 하는 사정에 이른다. 어찌 보면 입소문으로 등 떠밀려 시작한
일이라 그에게 조금 부담이 되었나 보다. 이때 어느 연세 지긋한
디자이너가 자신에게 해준 말이 떠오르더란다. 「디자이너는 독에
든 물을 퍼서 쓰면 안 된다, 넘쳐 나는 것을 받아서만 써야 한다는
말을 그땐 잘 이해하지 못했는데 슬럼프를 겪으며 알게 됐어요.
디자이너는 영감을 저장해 두었다가 그것을 잘 발효시켜 결과물로
보여 줘야 하는 사람이에요. 아이디어가 넘쳐 날 수 있도록 많은 것을
보고 배우며 느껴야 하는데 이노주단을 시작한 이후 저만을 위한
시간을 갖지 못했더라고요. 독 안에 바닥이 보인다고 느꼈을 때 정말
암담했어요.」 디자이너는 칼을 차고 홀로 싸워 나가야 하는 무사와

같다. 자신이 휘두르는 칼에 죽고 사는 게 디자이너의 운명이다.
이런 의미에서 인경 씨는 바닥이 드러난 독을 보았을 그 무렵 불안을
느꼈다. 사람들은 이노주단의 한복을 보며 언젠가는 꼭 맞춰 입고
싶은 옷이라 입을 모으며 주목하는데 정작 현실의 디자이너는
불안해하고 미래를 막막해했다니, 참 아이러니하다.

슬럼프는 누구나 겪는다. 누구에게나 찾아오는 슬럼프를 인경 씨는
자신만의 확고한 디자인 철학으로 이겨 냈다. 〈세상은 오직 지극한
정성이어야 변하게 할 수 있다〉는 『중용』 23장 말씀이 바로 인경
씨의 디자인 철학이다. 농사를 짓고 집을 짓는 시간과 정성만큼 인경
씨는 한복을 짓는다. 한복 한 벌에 최소 두 달의 시간. 사람들이
이노주단을 사랑하고 인정할 수밖에 없을 때까지 수정을 거듭하며
정성을 다한다. 마음의 역경을 견디며 꿋꿋이 나아가는 인경 씨의
지극한 정성과 노력 때문인가. 음악을 하며 바람처럼 자유롭게 살고
싶었다던 그가 바위처럼 단단하고 강직해 보인다.

# Q&A

한복에 관심을 갖게 된 결정적 계기가 있나요?

패션 마케팅 수업에서 〈내가 아니면 보여 줄 수 없는 것〉을 주제로 한
프레젠테이션을 준비할 때였어요. 제가 다닌 학교에는 다양한 국적의
학생들이 있었는데 제가 듣는 수업에서 한국인은 저뿐이었죠. 한복에
관해서는 나밖에 이야기할 수 없겠다 싶어 처음에는 점수를 얻기
위해 한복에 접근했어요. 제가 기억하는 한복은 색동이거나 빨갛고,
파랗고, 금박이 붙은 한복이 전부였는데, 영화 「스캔들」을 보고 한복의
아름다움에 눈을 떴습니다. 고부자 교수님이 고증하고 패션 디자이너
정구호가 디자인한 한복이었는데 다양한 실루엣과 색, 그 안에 담긴
사회적 배경과 신분 등에 대한 이야기가 무척 흥미롭더라고요. 그걸 보고
정말 반해서 로스앤젤레스에 있는 작은 한복 가게를 찾아가 일을 하고
싶다고 했는데 직원을 구하지 않는다고 해서 무척 아쉬웠죠.


평소 한복을 자주 입으세요?

여름 빼고 항상 입어요. 여러 겹을 갖춰 입어야 하는 한복이기에 아무리
얇은 원단을 사용하더라도 여름에 입고 일하기에 조금 불편하더라고요.
평소 좋아하는 소재인 데다 관리도 편한 면과 린넨으로 생활 한복을
만들어 입고 있어요.


생활 한복의 특징에 대해 설명해 주세요.

제가 정한 생활 한복은 한복이 갖는 선의 특징이나 작업 과정을 그대로
담고 있되, 생활하기 편리하기 위해 최소한의 것만 수정한 것이에요. 저는
색감과 소재에만 변형을 주는 편입니다. 요즘 생활 한복을 입는 분을 종종
보는데, 여기서 한복이 좀 더 대중적으로 변화하려면 디자이너인 저부터

한복에 대한 고정 관념을 내려놓아야 성장할 수 있어요. 해외여행 중에 한복을 입는 분이 계시더라고요. 고맙기도 한데 이 고마움도 느끼지 못할 만큼 한복이 당연한 옷차림 중 하나로 자리 잡으면 좋겠어요. 한복이 한때의 유행처럼 지나갈까 봐 염려돼요.

고부자 교수에게 출토 복식을 배웠어요. 전통 복식을 배운 특별한 이유가 있나요?

미국에서 서양 복식을 공부할 때 전통 복식을 가르쳐 주더라고요. 전통 복식을 알고 난 후에 디자인하니 이전에는 그저 서양 복식을 흉내만 냈다는 걸 알게 됐어요. 한복도 마찬가지라고 생각해요. 출토 복식을 공부하는 저를 보며 〈네가 무슨 장인이 될 거냐〉라고 말하는 이도 있었지만 뿌리를 알고 현대화하는 것과 모르는 것은 큰 차이가 있을 거예요. 뿌리가 눈에 보이는 건 아니지만 결과물에서 큰 차이를 만들 거라는 믿음이 있거든요. 전통을 고수하시는 고부자 교수님이 지금 제 한복을 보면 별로 좋아하지 않을 것 같다는 생각은 들어요. 하지만 우리가 말하는 방식이 다르듯 보여 주는 방식도 제각각인 것뿐이에요. 이는 모두 존중되어야 한다고 생각해요.

요즘 거리에서 젊은이들이 한복을 차려 입고 나들이하는 모습을 쉽게 볼 수 있어요. 혹시 한복에 대한 궁금증을 가지고 이노주단을 찾는 젊은이가 있나요?

자신만의 숍 오픈을 앞둔 디자이너가 찾아오기도 했고요. 우선 저는 고등학생이나 대학생이 진로 상담을 목적으로 찾아오면 여력이 되는 한 모두 만나요. 요즘 아이들은 저희 때랑 다르더라고요. 저 같으면 괜히 무섭고 떨려서 연락도 못 할 텐데 엄마 손잡고 오는 친구도 있어요. 그러면 저는 아이한테 다음엔 엄마 떼놓고 혼자 오라고 슬쩍 말해 주죠. 아이가 걱정돼서인지 옆에서 참견을 많이 하시더라고요.(웃음) 한복에 관심 있어서 찾아오는 이도 있고 어떻게 이런 일을 하게 됐는지 제가 궁금해서 찾아왔다는 사람도 있어요.

인경 씨의 롤 모델이 궁금해요.

워낙 많아서 말할 때마다 바뀌긴 하지만 영화감독 팀 버튼에게 영감을 많이 얻어요. 어릴 적부터 그의 판타지 이야기와 영상을 좋아했어요. 그리고 가수 지드래곤. 무대 위에서 즐기는 모습이 정말 멋있어요. 저 사람이 무대 위에서 저렇게 자연스럽게 즐기기까지 무대 뒤에선 얼마나 많은 노력을 했을까 싶은 생각이 들더라고요. 그리고 언젠가는 지드래곤이 이노주단의 옷을 입을 날을 기다려요.

디자이너로서 자신을 평가한다면?

저는 이기적인 방법을 택하는 디자이너예요. 이 일이 나를 설레게 하는지, 이 디자인이 정말 나인지를 우선으로 생각해요.

현재 좋아하는 일을 하기 위해 포기한 것이 있나요?

음악 프로듀서가 되고 싶었는데 한복 디자이너가 된 거죠. 그렇다고 음악을 포기한 건 아닙니다. 언젠가 제 음반이 나올지도 몰라요.(웃음) 한복을 하려면 붙박이처럼 살아야 해요. 저는 자유롭게 살고 싶었는데 그러한 삶을 포기한 셈이죠. 제가 유기견 임시 보호 활동을 하는데 집에 있는 강아지와 고양이랑 많은 시간을 보내지 못하는 것도 포기한 거고요. 직장 생활을 하며 바빠서 하지 못한 공부를 하고 싶었는데 실천하지 못하고 있어요. 하지만 디자인 관련해서 타협하거나 포기한 건 없습니다.

해외에도 숍을 오픈할 계획이라고 들었어요. 앞으로의 계획이
궁금합니다.

2012년 2월 22일에 이노주단의 사업자 등록을 마쳤는데 그날 제가
쓴 사업 계획서를 다시 살펴봤어요. 창립 기념일에 클럽 M2를 빌리고
드레스 코드를 한복으로 한 파티를 열어 교류의 장을 만들고 싶다고
써놨더라고요. 그 계획을 실천에 옮기고 싶어요. 창덕궁 길에 이어 다음
숍은 미국이 될 것 같아요. 작게라도 해외 진출을 준비하고 있습니다.
그리고 더 탄탄하게 실력을 쌓아 한복이 됐든 한복의 정서를 담은 다른
옷이 됐든 좋은 품질의 작품을 보여 주고 싶어요.

창덕궁길에 위치한 한복 가게 이노주단.

이노주단은 한복이 갖는 선의 특징과 작업 과정을 그대로 담되, 생활하기 편리하도록 최소한의 것만 수정한다.

작업실에서 원단을 고르고 있는 인경 씨.

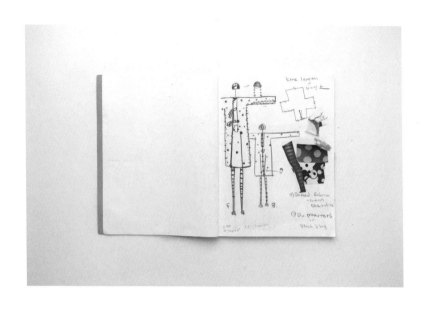

인경 씨의 한복 디자인 스케치.

이노주단 손님에게 내어주는 계절 음료.

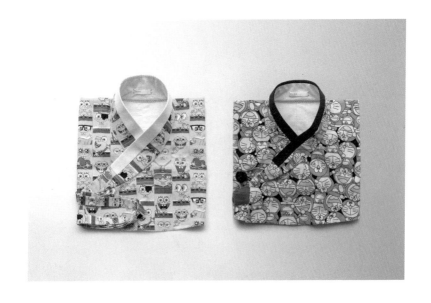

색감과 소재에만 변형을 주는 인경 씨의 한복 디자인에서 그 개성을 잘 드러내 주는 것이 바로 독특한 원단이다.

여린 피부의 아기가 입는 옷인 만큼 섬세하고 정교하게 바느질해 만든 배냇저고리.

레이스 원단을 활용해 만든 한복은 여성스러우면서도 이국적이다.

현대적 텍스타일의 한복과 어울리도록 맞춤 제작한 신발.

09

미술가

이슬

〈카페 비너스맨션〉은 개량 한옥을 리노베이션해 만든 곳으로 감각적인
디자인이 인상적이다. 벽에 구멍이 뚫린 듯 착각하게 만든 마당의 거울,
디자인 책에서 자주 접한 유명 디자이너의 가구, 한옥과 잘 어울리는 패브릭
색감 등 어느 것 하나 허투루 한 것이 없어 보였다. 센스 있게 꾸민 공간을
살펴보다 문득 〈카페 주인은 어떤 사람일까?〉 궁금해졌다. 커피를 내려
준 청년에게 다가가 물으니 자신이 운영하는 것이라고 대답한다. 다소
앳돼 보이는 주인을 확인하고 궁금증이 더해졌다. 알고 보니 그는 그래픽
프로그램을 활용해 그림을 그리는 작가로 〈비너스맨션〉이라는 시리즈를
선보이며 국내외에서 주목을 받고 있는 젊은이였다. 카페 주인 겸 작가 이솔
씨가 그림 시리즈를 통칭해 부르던 비너스맨션을 2016년 9월에 공간으로도
확장하며 한성대 근처에 동명의 카페 겸 작업실을 오픈한 것이다. 카페에
대한 로망도 있었지만 그 수익으로 월세 부담을 덜 수 있을 거라는 나름의
대책이었다. 카페 비너스맨션은 문을 연 지 얼마 되지 않아 인테리어로
입소문을 타며 금세 유명해졌다. 두 집 건너 한 집 있을 만큼 카페가 흔해진
요즘. 이 같은 관심을 받기가 쉽지 않을 텐데 이솔 씨는 지금의 상황이 그저
좋지만은 않다. 어느 누군가에게는 카페 사장으로, 또 다른 누군가에게는
작가 이솔로 불리며 꿈과 현실 사이에서 줄다리기를 하고 있는 그의
속사정을 들어 봤다.

이솔  1989년생. 한성대학교에서 인테리어 디자인을 전공했다. 본명은 이외솔이지만
이솔이라는 예명으로 작가 활동을 한다. 자신의 그림을 통칭해 〈비너스맨션 프로젝트〉라
부른다. 성북구청 근처에 프로젝트명과 동명의 한옥 카페를 운영하며 생활비를 마련하고
있다. 지금은 주로 컴퓨터 프로그램을 활용해 그림을 그리지만 영역에 구애받지 않고
표현하는 능동적인 작가가 되기 위해 노력하고 있다.

## 잘되는 것도 고민

성북구청 근처 골목에 자리 잡은 카페 비너스맨션은 상업 공간으로는 열악한 동네에 자리 잡고 있음에도 문을 연 지 6개월도 채 되지 않아 일명 〈한성대 근처 핫플레이스〉로 유명했다. 한옥의 정서를 간직한 채 깔끔한 현대식 인테리어로 젊은이들에게 인기였다. 테이블이 네 개밖에 되지 않았지만 툇마루에 걸터앉아 커피를 마시는 사람, 마당에서 줄 서서 기다리는 사람들을 통해 비너스맨션의 인기를 실감할 수 있었다. 한편에는 작은 작업실도 있다. 카페 주인 겸 작가 이솔 씨는 사실 작업실을 찾던 중 우연히 지금의 공간을 발견하고 계획에도 없던 카페를 갑작스럽게 오픈했다. 원룸 보증금과 그림을 팔아 모은 돈, 여기에 어머니가 조금 보태 준 돈으로 비너스맨션의 공간을 구했다. 컴퓨터 한 대 놓을 자리만 있으면 충분한 이솔 씨에게 지금의 공간이 크기도 했고 카페를 좋아해 직접 디자인을 해보고 싶기도 했다. 인테리어 디자인을 전공한 특기를 살려 야심 차게 준비했고 반응도 좋으니 시작이 꽤 좋다 싶은데, 이 책이 나올 때쯤에도 카페가 그대로 존재할지는 잘 모르겠다. 그는 그림 그리기에 집중하고 싶은 작가의 마음과 이왕 문을 연 카페 한번 잘 해보고 싶은 각오 사이에서 갈팡질팡 고민 중이다.

카페가 인기를 끌수록 그림 그리는 시간은 줄고 밤샘 작업을
하고도 오픈 시간에 맞춰 일어나야 하는 사사로운 일들이 꽤나
생활을 고달프게 하고 있다. 배부른 소리라고 할 수도 있겠지만
처음 생각과 다른 방향으로 흘러가고 있으니 고민이 될 수도 있는
일이다. 혼자 운영할 수 있을 만큼만 조용하게 움직이고 싶었는데,
의도와는 다르게 카페에는 손님들로 북적인다. 그럴수록 카페 곳곳에
걸어 두었던 그림을 하나둘씩 떼고 있다. 이솔 씨의 그림 시리즈를
가리켰던 비너스맨션이 사람들에게는 그저 카페 이름일 뿐이니까.

## 현실과 이상 사이의 갈등

어릴 적부터 그림 그리기를 좋아하고 〈내 브랜드〉를 갖고 싶었던
이솔 씨는 자신이 원하는 것을 직접 실제로 만들 수 있는 분야가
디자인이라고 생각했다. 「사실 옷에 관심이 많아 의상 디자인을
전공하고 싶었지만 어머니의 반대가 있었어요. 차선책이었던 것이
인테리어 디자인과였죠. 다른 과는 이름만 들어서는 무엇을 배우는지
모호하게만 들리더라고요. 하지만 인테리어 디자인과는 이름만 봐도
명확해 보였어요. 단순히 그 이유에서 과를 선택한 것뿐입니다.」

그렇게 대학에 입학한 이솔 씨는 그림도 그리고 싶고 옷도 만들고
싶은 열정과 끼를 주체할 수 없었다. 전공 수업을 들으며 회화과와
시각 디자인과 수업을 듣고 복식 디자인을 배울 수 있는 의상 학원에
다녔다. 대학 생활 동안 여러 분야를 경험하며 자신이 할 수 있는 것,
하고 싶은 것, 재밌어 하는 것이 무엇인지를 구체적으로 알게 됐다.

흔히 하고 싶은 것과 재밌는 일을 동일시하는 경우가 많지만 이솔 씨는 조금 달랐다. 하고 싶은 일은 나만의 브랜드를 만드는 것이지만 재밌는 건 특별한 규정 없이 내 마음대로 표현이 가능한 회화였다. 당연히 재밌고 하고 싶은 일에 마음이 더 끌렸을 텐데, 이솔 씨는 대학을 졸업하자마자 전공을 살려 공간 디자인 회사에 취직했다. 「작은 디자인 회사에 다녔는데 첫 번째 회사는 한 달 다니다 그만두고 두 번째 회사에서는 세 달, 세 번째 회사에서는 다섯 달 정도 다녔어요. 첫 번째 다니던 회사에서 연락을 받아 조금 더 직장 생활을 했고요.」 마지막에 다닌 회사도 결국 넉 달 만에 그만뒀다. 약 1년 동안 이직을 세 번이나 했다니. 짧은 기간 동안 여러 곳을 옮겨 다닌 그의 이야기가 다소 낯설었다. 버티기를 강요하는 사회의 기준에서 겁 없고 철없는 행동처럼 보이기도 했다.

주로 공간 디자인을 위한 3D 렌더링 작업을 하던 막내 디자이너 이솔 씨는 회사 생활에 재미를 전혀 느끼지 못했다. 재미없으니 하기 싫고 억지로 해야 하니 괴로워지고 괴롭다고 느끼니 만족감은 낮을 수밖에 없었다. 낮은 만족감은 무기력을 낳는다. 무기력은 삶을 피폐시킨다. 그렇다고 처져 있을 수만은 없었다. 이솔 씨가 다시 활력을 찾고자 선택한 방법은 처음으로 돌아가는 것이었다. 왜 미대에 가고 싶어 했는지를 돌아봤다. 그리고 다시 붓을 들었다.

이솔 씨가 지금은 화려한 색감의 비주얼적 감각으로 시선을 끄는 그래픽 아트를 선보이고 있지만 처음부터 이러한 작업을 했던 건 아니다. 초반에는 캔버스에 직접 그림을 그리며 디테일한 표현에 집중했다. 하지만 스케치 하나에도 너무 많은 생각과 수정을 반복하다가, 좀 더 속도감 있게 그릴 수 있고 수정도 편리한 컴퓨터 그래픽으로 표현 방법을 확장하며 지금의 비너스맨션 시리즈가 탄생했다. 머릿속에서 그린 이미지를 빠르게 표현할 수 있다는 점이 작업에 속도와 재미를 더했다. 그래픽을 비롯해 조각, 공간, 영상을 통해 표현 방법을 확장하고 싶다는 야심 찬 계획도 있다. 「직장 생활을 하다 그림에만 집중한 지 불과 3년밖에 되지 않았습니다. 시작 단계인 만큼 다양한 작업들을 시도하고 싶어요. 간혹 매체에서 저를 그래픽 아티스트라 부르기도 하는데 그래픽이라는 영역 안에 절 가두는 건 싫습니다.」 어느 한 단어로 자신의 영역을 규정짓고 싶지 않은 그는 다양한 영역을 교차시키고 확장하며 표현하려는 욕심 많은 작가다.

2014년 인스타그램에 비너스맨션이라는 계정으로 자신만의 온라인 갤러리를 만들었다. 취미처럼 시작한 포스팅은 새로운 인연을 만들어 줬다. 이태원의 카페 〈피어 커피〉에서 이솔 씨의 작품을 전시하고 싶다는 제안이 들어왔다. 2015년 비너스맨션의 프리뷰라 할 수 있는 작은 전시가 그곳에서 열렸다. 전시를 통해 그림이 팔리고 플라스틱 매거진(@plastikmagazine), 러브 왓츠(@love.watts), 아트 X디자인(@artsxdesign) 등의 해외 미술 관련 인스타그램 계정에 이솔 씨의 그림이 소개되며 비너스맨션의 팔로워 수가 급격히 증가하기 시작했다. 그러자 해외 갤러리에서 전시 제안과 작품 구매

문의가 들어왔고 국내에서는 브랜드가 협업을 제안해 왔다. 당시 받은 제안들이 모두 성사된 건 아니지만 양말 브랜드 MSMR의 패키지 일러스트레이션, 한국판『보그』와의 아트워크, 아이돌 엑소를 위한 아트워크 등을 진행하며 그림만 그려서도 먹고살 수 있겠다는 자신감을 얻었다.

## 후회 없이 살기 위한 고민

그림에 전념하겠다고 마음먹으면서부터 프리랜서 디자이너로 하던 일은 그만뒀다. 일정하게 들어올 수입이 없게 되자 조금 불안하고 불편했지만 지금 자신이 선택한 일에 집중하지 않으면 인생에 후회만 남을 것 같았다. 돈을 버는 것보다 후회하는 자신의 모습이 더 싫었다.「짧은 기간의 직장 생활이었지만 하기 싫은 일을 할 때면 그 시간이 무의미하게만 느껴졌어요. 인생은 짧은데 스트레스와 후회로 시간을 흘려보내고 싶지 않았습니다.」

좋아하는 일을 하고 후회 없는 삶을 살기 위해 이솔 씨는 그림에 몰두해 나갔다. 그는 노래를 듣거나 지나가는 사람의 옷차림, 친구들과의 대화에서 느낀 감정을 사물에 빗대어 표현한다. 인테리어 디자인을 배우며 익힌 3D 렌더링 기술과 그래픽 툴이 그의 붓이 된다. 3D 프로그램을 활용해 오브제를 제작하거나 상황에 맞게 공간을 구성하고 색을 입힌다. 이 과정에서 수정을 반복하고 그래픽 프로그램을 활용해 또 다시 수정을 반복한다. 사실적으로 표현한 몇몇 작품 중에는 실제 물건을 촬영한 것인지 구분이 어려울 만큼

표현력을 자랑하는 것도 있다. 그의 짧은 직장 생활이 헛된 시간만은
아닌 것 같다. 좋아하는 것과 전공을 통해 배운 것이 합을 이루어
이솔 씨만이 표현 가능한 개성 있는 그림이 탄생했으니까. 「학교와
인테리어 디자인 회사에 다니면서 여러 개의 프로그램을 배웠어요.
이전에도 컴퓨터 프로그램을 익혀야겠다는 학습에 대한 열망은
있었어요. 내 머릿속 풍경을 그대로 표현하기 위한 방법 중 하나라고
생각했거든요. 3D 프로그램을 익히며 다른 사람들은 공간이나
제품을 디자인하는데 전 이걸로 그림을 그리면 재밌겠다 싶었어요.
그때 아이디어가 비너스맨션 시리즈로 발전한 것입니다.」

그리스 로마 신화에 등장하는 사랑과 미의 여신 〈비너스〉, 공간의
뜻이 담긴 〈맨션〉을 합친 〈비너스맨션〉 시리즈에는 우리가 흔히
떠올리는 비너스상보다 다부진 몸과 잘생긴 얼굴의 다비드상이
주로 등장한다. 고양이 캐릭터 키티, 베레모, 귀걸이 등의 엉뚱한
이미지의 결합과 강렬한 색의 조화가 유머를 더하기도 한다. 「저는
욕망, 욕심 등의 감정을 표현하는 매개체로 다비드상을 활용합니다.
사랑의 여신하면 쉽게 비너스를 떠올리는데, 저만의 다른 비너스를
만들고 싶었거든요. 그 대상이 다비드가 된 것이고요. 단어의 의미에
따라 굳어 버린 이미지에서 탈피해 보고 싶었습니다.」 고정된 틀에서
벗어나 자신만의 언어와 대상을 찾으려는 이솔 씨의 고민은 여느
젊은 작가의 모습과 비슷하다.

작품 활동을 하는 젊은 작가들 사이에서 이솔 씨가 눈에 띄는 이유는

그림도 그림이겠지만 그의 용기 때문이다. 젊음은 경험의 부재를 의미하기도 한다. 잘 알지 못하고 아직 겪어 보지 못했기 때문에 새로운 것을 상상하고 용감하게 도전할 수 있다. 이러한 의미에서 이솔 씨는 젊고 용감하다. 안정적인 삶보다 자신의 만족을 채울 수 있는 일을 찾고 후회 없는 삶을 살기 위해 거침없이 움직인다. 그를 보며 남들 시선과 사회 기준에 맞춰 살다가는 정작 자신이 무엇을 하고 싶은지 잊고 살 수 있겠다, 그리고 그것이 가장 두려운 일이 될 수도 있겠다는 생각을 했다. 때론 〈어떻게든 되겠지〉라는 무책임해 보이고 철없어 보이는 행동이 용기로 이어지고 기회를 만들기도 한다.

# Q&A

그림의 시작이 감정에서 출발한다고 했어요.

대학교 때부터 서울에서 자취 생활을 했는데, 감정에 따라 별것 없는 작은 공간이 매번 다르게 다가오더라고요. 편하다고 생각했던 방이 갑작스런 지각 같은 상황으로 허둥지둥하게 되면 모든 것이 방해가 되는 요소처럼 느껴졌어요. 감정의 변화에 따라 다르게 다가오는 주변 환경을 의식하며 기억해 두었다가 이미지로 표현하기 시작했습니다.

비너스맨션 그림에는 어떤 이야기가 담겨 있나요?

예를 들어 값비싼 의자와 조명, 여성용 가방 등의 오브제가 등장하는 그림이 있는데 이는 엄마 방에서 노는 아이의 모습을 표현한 것입니다. 제가 그리는 어머니의 모습이기도 하지요. 저희 어머니는 자식에게 헌신하느라 자신을 잘 돌보지 못하는 분이에요. 죄송한 마음이 드는 한편 이기적인 어머니가 되길 바라는 마음이 담겨 있습니다. 다른 그림에도 저만의 이야기가 있는데, 해석보다는 자유로운 시선으로 바라봐 주면 좋겠습니다.

작업실로 사용할 공간을 알아보다 덜컥 카페를 시작했어요. 준비 과정이 어땠나요?

대학교 때부터 이 근처에서 자취를 했어요. 동네가 좋아 떠나기는 싫고, 카페를 좋아하는데 마음에 드는 동네 카페가 없는 게 아쉬웠죠. 작업실을 알아보다 우연히 이곳을 알게 됐어요. 평소 한옥을 좋아하지는 않았지만 이 공간을 보고 알 수 없는 매력을 느꼈어요. 카페 문을 열기 전까지 약 50일간 공사 기간이 있었습니다. 전공을 살려 디자인부터 시공까지 손수 다 했어요. 원래 집의 모습을 그대로 둔 것인 줄 아는 분이 많은데

천장부터 바닥까지 대부분의 것을 뜯어고친 거예요. 기존의 구조와
이질감이 들지 않도록 노력했습니다. 처음에는 드립 커피밖에 없었는데
카페를 하는 지인이 적어도 에이드 종류는 있어야 한다고 해서 도움을
받아 현재 카페 메뉴 중 효자 음료가 된 〈포도 봉봉〉을 만들었어요.
메뉴를 더 이상 늘리지 않고 커피 머신도 두지 않는 이유는 장사를 위한
공간으로 변질되지 않도록 하기 위해서입니다.

카페 문을 연 지 1년도 채 되지 않았지만 입소문을 타며 성북구의 명소가
되었어요. 그런데 문 닫을 계획이 있다고요.

비너스맨션 공간의 본래 목적은 작업실인데 카페에 더 많은 에너지를 쓰게
되면서부터 그림에 집중을 잘 하지 못하게 되더라고요. 하루 종일 직원을
둘 정도로 수익이 나는 것도 아니고, 처음부터 저 혼자만으로도 운영이
가능할 정도로만 움직이고 싶었거든요. 주말에만 문을 여는 카페로
재정비할지, 공간을 아예 정리하고 다른 곳을 구해 오픈 스튜디오를
만들지 고민 중입니다.

인테리어 디자인을 전공하며 회화, 그래픽 디자인, 의상 디자인에도
열의를 보였어요. 지금은 작가로서 다른 영역으로 뻗어 나가기 위한
준비를 하고 있고요. 관심 분야에 대한 배움을 통해 만족감을 채우고 싶어
하는 것 같기도 하고 욕심이 많은 것도 같아요.

의상 디자인을 공부하고 싶었는데 어머니의 반대로 못하니까 욕구 불만이
생긴 것 같아요. 다른 분야의 경험을 통해 만족감을 채우려 했었죠.
회사에 다닐 때 하기 싫은 일을 해야 하는 것에 대한 스트레스와 불만족을
해소하기 위해 퇴근 후 집에서 그림을 그렸어요. 그래도 만족하지 못했죠.
가장 하고 싶은 의상 디자인을 못 하고 있으니까요.

의상 디자인을 하고 싶은 이유는요?

어려서부터 그림 그리기를 좋아하고 내 브랜드도 만들고 싶었는데, 이
모든 것을 할 수 있는 분야가 의상이라고 생각해요. 내 브랜드를 만들면
그림을 그리고 옷을 만드는 일부터 공간, 영상, 사진, 편집 디자인, 단편
영화 제작까지 다양한 영역을 아우를 수 있다고 생각하거든요.

전공 선택, 직장 생활, 카페 운영 등이 당시 이솔 씨에게는 갈등이었지만
이를 경험하며 얻은 것이 분명 있는 것 같아요.

대학교 때 의상 디자인에 집중하고 싶어 학교를 그만두고 싶었는데
어머니께서 대학 졸업은 해야 하지 않겠냐고 하더라고요. 어쩔 수 없이
학교를 다니며 다른 곳에서 만족을 채운 건데 그때의 경험들이 지금의
제 그림체를 만들어 주었죠. 전공 덕분에 직접 카페 공간을 디자인할 수
있었고요.

비너스맨션 그림 시리즈는 인스타그램에 기반을 두고 활동하고 있어요.
해외에 알려지게 된 계기도 이 때문이고요.

1인 창작자가 경제적 부담 없이 작품을 홍보할 수 있는 가장 효과적인
매체인 것 같아요. 인스타그램을 통해 다양한 작업들을 간접적으로
경험하면서부터 나도 부지런히 해야겠다는 자극도 받고, 다른 사람이 제
것을 보며 〈이런 작업은 나도 할 수 있지 않을까?〉 같은 작은 의지라도
생긴다면 좋을 것 같아요.

인스타그램도 여느 SNS처럼 가볍게 느끼고 소비되는 소셜 미디어
플랫폼인데, 이에 따른 부작용은 없나요?

빠른 속도로 이미지가 소비되고 계속 새로운 피드를 올려야 하기 때문에
의도치 않은 방향으로 작업이 변질되는 것 같기도 해요. 하지만 1인

창작자로서 인스타그램은 분명 중요한 매체이고 가장 간편한 방법으로 많은 정보를 접할 수 있어서 작업에 원동력이 되기도 합니다.

앞으로 작가로서 어떤 삶을 살고 싶으세요?

돈을 많이 벌어야 하고 싶은 일을 할 수 있겠죠? 그렇다고 돈 버는 것에 집착하고 싶지는 않습니다. 지금은 프랑스에 있는 작은 갤러리에서 전시 제안이 들어와 준비하고 있어요. 이렇게 조금씩 전시도 하고 작업도 하다 보면 또 다른 일과 연결될 수 있을 거라 믿어요. 치기 어린 생각일 수 있지만 하고 싶은 활동만을 좇으며 사는 것이 목표입니다.

이발소 간판을 연상케 하는 비너스맨션의 입구.

성북구청 근처 골목에 있는 이솔 씨의 작업실 겸 카페.

미닫이 문을 설치해 작업실과 카페를 구분해 사용 중인 비너스맨션.

카페와 한 지붕 아래에 있는 작업실. 블라인드를 걷어 내면 오픈 스튜디오로 변신한다.

커피는 핸드 드립만 제공하는 이솔 씨. 여기에는 그의 남다른 고집이 숨어 있다.

이솔 씨의 작품이 소개된 책자와 그림 액자들.

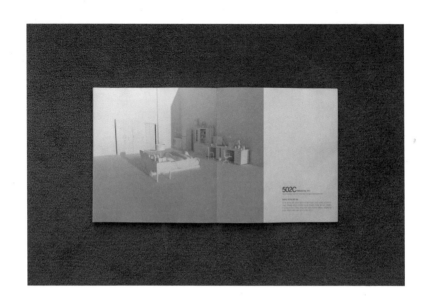

비너스맨션 시리즈의 시작이 된 공간 그래픽 작업물.

낙서하듯 끼적인 그의 습작.

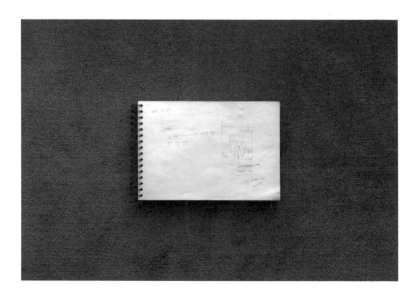

작업실 구석구석에 걸린 전시 포스터와 엽서들.

해외 매체에 소개된 비너스맨션의 기사.

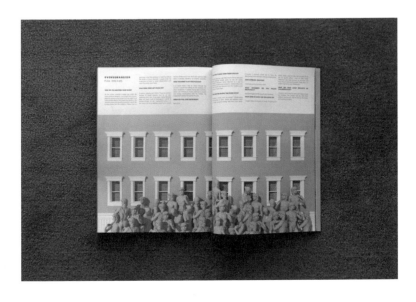

*6*

사회적 기업가

신윤예, 홍성재

쇼핑 타운으로 유명한 서울 동대문과 가까운 종로구 창신동 봉제 마을은
골목길 사이사이로 관심을 가지고 걸어 보지 않으면 알기 쉽지 않은 동네다.
동대문의 숨겨진 생산 기지로 서울에서 유일하게 소규모 공장이 밀집해
마을을 이룬 곳이다. 이 집 저 집에서 새어 나오는 재봉틀 돌아가는 소리와
분주하게 원단을 실어 나르는 오토바이들로 다이내믹한 삶의 현장을 느낄
수 있는 봉제 마을의 첫 인상은 무척 강렬했다. 가파르게 경사진 길 위에
세운 주택과 소규모 공장의 생경한 풍경에 이끌려 시작한 산책길에 마주한
〈000간(공공공간)〉은 뜻밖의 보물을 발견한 듯 흥미로움 그 자체였다.

신윤예(왼쪽)  1985년생. 경희대학교 회화과를 졸업하고 전업 작가로 활동했다. 생계를
위해 예중, 예고 입시 강사로도 일했다. 성재 씨와 창신동에 자리를 잡으며 본격적으로
지속 가능한 지역 재생에 관심을 기울이기 시작했다. 아담한 키에 똑 부러지는 말투가
인상적인 그는 공공공간에서 〈콩〉이라고 불린다.

홍성재(오른쪽)  1983년생. 홍익대학교 회화과를 졸업한 후 아르바이트를 하며 전업
작가로 활동했다. 어린이 예술 교육 프로그램 관련 일을 하며 관람자와 직접 소통할 수
있는 점에 매료됐다. 창신동 해송지역 아동센터 미술 선생님으로 활동하던 것이 인연이
되어 창신동에 머물기 시작했다. 동료인 윤예 씨와 2012년 사회적 기업 공공공간을
오픈했다. 쭉 뻗은 키 때문에 〈키다리〉라고 불린다.

## 봉제 마을의 수상한 예술가

공공공간은 예술대 회화과를 졸업한 홍성재 씨와 신윤예 씨가
운영하는 사회적 기업이다. 지역 재생을 위한 커뮤니티 디자인을
슬로건으로 창신동 봉제 마을의 가치를 재발견하고 브랜드로
성장시키는 일이 이들의 주요 활동이다. 봉제 공장에서 버려진
자투리 원단을 활용해 방석, 액세서리 등을 만들고 최대한 자투리가
나오지 않도록 디자인을 고려해 만든 의류 브랜드 〈제로웨이스트〉는
이웃 봉제 공장 사장님들과 함께 메이드 인 창신동을 표방한
브랜드를 만들기 위해 시작한 사업이다. 공공공간에서 동대문
방향으로 조금 내려가다 보면 어린이 마을 도서관 〈뭐든지〉를
발견할 수 있는데 알고 보니 이곳도 성재 씨와 윤예 씨가 창신동의
어린이들과 함께 만든 공간이다. 봉제 공장마다 문 앞에 있는
〈가드닝 간판〉은 화분에 식물과 함께 공장 이름을 적은 깃발을
꽂아 간판이 없어 공장을 찾기 어려운 사람들의 수고를 덜어 줬을
뿐 아니라 작지만 통일성 있는 간판 디자인으로 봉제 마을만의
확실한 아이덴티티를 만들었다. 자투리 원단이 담긴 쓰레기봉투를
모아 지역 아이들과 〈오늘만 의자〉라는 놀이를 만들어 평소
무시하고 버려진 잉여 자원을 쓰임 있는 물건으로 디자인하는 미술
활동도 한다. 또한 〈만나고싶데이〉 모임을 통해 이곳을 방문하는

사람들에게 봉제 마을의 숨은 자원과 매력, 공공공간의 활동을
적극 알리고 있다. 기존의 자원을 재활용하거나 재해석해 주민들과
일감을 공유하며 프로젝트를 진행하는 이들은 한때 전업 작가로도
활동했다. 이러한 두 예술가가 지금은 사양 산업으로 여기는 봉제
산업에 관심을 기울인 이유는 무엇일까? 〈젊은 예술가로서 기존의
예술가와는 다른 방식으로 생존하기 위한 대안을 모색한다〉는
이들의 말에 호기심이 생긴다.

## 지역에 새 숨을 불어넣는 기업가

공공공간과 같은 사회적 기업이란 비영리 조직과 영리 기업의 중간
형태로 사회적 목적을 추구하면서 이익을 취하는 기업을 말한다.
윤예 씨는 사회적 문제를 색다른 가능성으로 바라보고 디자인과
예술을 결합해 문제를 해결, 지속 가능한 형태로 만들며 이윤을
추구하는 것이 자신들의 일이라고 설명한다. 그런데 사회 문제
해결과 예술가의 역할이 무슨 관계이기에 전업 작가이던 두 청년이
사회적 기업가가 되었을까?

사회 이슈에 관심이 많아 이를 비판하는 내용을 영상, 설치, 그림
등으로 표현하던 성재 씨와 윤예 씨는 미술관에서 전시를 하던
어느 날 공허함을 느꼈다. 「대학생 땐 막연하게 작품과 전시로
명성을 얻는 예술가를 꿈꿨어요. 저희가 운이 좋아 졸업하자마자
규모 있는 갤러리에서 초청 전시도 하며 작업에 몰두할 수 있는
기회가 있었는데, 전시를 하던 중 예술에 대한 의문이 찾아왔어요.

우리만 아는 언어로 가득한 그림을 걸어 놓고 사람들에게 공감을
얻고자 하는 게 말이 맞지 않더라고요. 좀 더 일찍 했어야 할 고민을
그때부터 시작했어요. 예술은 왜 하는 걸까? 예술가로서 어떻게 살
수 있을까? 우리가 이야기하고 싶은 사회와 예술은 어떤 관계일까?」
사회에 첫발을 내딛은 후에야 진심으로 자신의 일에 대해 고민한
성재 씨와 윤예 씨는 예술가로서의 삶을 만들자고 결심한다.

그 고민의 답은 뜻밖에도 아르바이트로 활동하던 예술 교육
프로그램에서 힌트를 얻었다. 관람자와 오랜 시간 소통하며
관계를 맺는 행위가 자신들이 진정 바라는 예술이라는 것을 알게
된 것이다. 창신동과 인연을 먼저 맺은 건 성재 씨다. 한화 기업과
창신동 해송지역 아동센터가 함께하는 어린이 예술 교육 프로그램
기획자로 참여했는데 1년의 계약 기간이 끝난 뒤에도 성재 씨는
창신동을 떠나지 못했다. 「해송지역 아동센터의 교육 철학이 공동
육아예요. 우리 아이가 잘 자라려면 마을 사람이 온 힘을 다해야
한다고 하더라고요. 우리 동네 사람이 모두 행복해야 우리 아이도
잘 자란다는 의미인데 그러기엔 대부분의 부모님이 봉제 공장을
운영해서 아이를 돌볼 시간이 넉넉하지 않죠. 기업 연계 프로그램은
끝났지만 이러한 문제점을 개선해 보고 싶었습니다.」 이후 윤예 씨도
창신동에 합류해 6개월간의 자체 프로젝트를 성재 씨와 진행하며
점점 마을에 머무는 시간이 길어졌다. 그러다 결국 2012년 창신동을
더 깊이 있게 이해하고 동네 사람과의 유기적 관계를 위해 봉제
마을 한편에 공공공간을 오픈한 것이다. 하지만 아무리 좋은 의미의

프로젝트라도 개인의 수익이 마땅치 않으면 지속 가능하기란 쉽지
않다.

의미 있는 일을 하면서 돈도 벌 수 있는 방법에 대한 고민에 답을 준
건 옆에서 이들의 활동을 지켜본 친구였다. 〈너희 같은 일을 하는
사람을 사회적 기업가라고 하던데?〉 마침 고용노동부에서 진행하는
청년 사회적 기업가 육성 사업을 알게 되어 2,000만 원의 씨앗 자금을
마련할 수 있었고, 이 지원금을 활용해 지역 자체 내에서 수익을 낼
수 있는 구조를 만들기 위한 실험을 시작한다. 그 첫 번째 결과물이
바로 제로웨이스트 프로젝트다. 메이드 인 창신동이 브랜드로
인정받고 수익이 봉제 마을로 돌아간다면 단순히 어딘가에서
일을 받아서만 하는 하청 기업이 아닌 봉제 공장 사장님이 자발적
사업가로서 성장할 수 있을 것이라고 생각했다. 그렇게 되면 아이와
함께할 수 있는 시간이 좀 더 많아져 공동 육아에 대한 걱정을 덜 수
있을 테니까. 하는 일이 작품이 되고 작품이 돈을 버는 일과 연결되어
있으니 이 또한 얼마나 매력적인가. 그렇다면 이들이 바라는
예술가로서의 새로운 삶을 발명하는 데 성공했다고 말할 수 있지
않을까? 하지만 성재 씨와 윤예 씨에게는 사업가로서의 비즈니스
감각이 부족했다. 두 예술가는 창신동을 기반으로 활동한지 3년째
되던 해인 2014년 카이스트의 사회적 기업가 MBA에 지원한다.
마케팅과 브랜딩을 배워 창신동 봉제 마을이 왜 브랜드가 되어야
하는지에 설득력을 더하고 싶었다.

## 재봉사의 든든한 동업자

성재 씨와 윤예 씨는 창신동 봉제 마을을 원석이 가득한 광산,
예술가의 아틀리에 같다고 말한다. 아동센터의 미술 선생님으로서
아이의 부모님이자 재봉사의 일터를 방문하는 일이 잦았는데, 그때
이들의 눈에 띈 자투리 원단은 색종이보다 더 좋은 재료이며 봉제는
여느 예술가 못지않은 창의적 기술이라고 생각했다. 자신들의
아이디어와 재봉사의 기술력이 함께하면 상호 보완적 관계가
될 것이라는 희망을 보았다. 「대부분의 의류 생산이 중국이나
동남아시아로 물량이 넘어가며 국내 봉제 공장의 일거리는 점점 줄고
있어요. 저희에겐 없는 생산력을 가진 분들이기에 의미 있는 좋은
디자인을 만나면 자발적 생산이 가능해져 지역 경제가 조금씩 회복될
수 있을 거라고 생각합니다.」

창신동의 낯선 예술가에서 봉제 공장의 든든한 동업자가 된 성재
씨와 윤예 씨는 디자이너보다 제작자의 창의성을 강조한다. 「많은
사람이 직업으로서 제작자에 대한 가치는 등한시하는 것 같아요.
다들 디자이너가 되고 싶어 하지 제작자가 되고 싶어 하는 사람은
많지 않잖아요. 옷의 기능성이나 생산의 효율성에 대해 더 잘 아는
사람은 디자이너보다 제작자예요. 좋은 디자인이라 해도 제작자가
없으면 모든 것이 무용지물이죠.」

이들이 공공공간을 세우고 사회 문제를 해결하는 〈실천하는
예술가〉가 될 수 있었던 데에는 직업에 대한 편견을 깨고 새로운

시각으로 창신동의 가치를 바라보았기 때문이다. 일하는 환경과 직업에 대한 편견이 조금만 바뀌어도 독립 제작자로서 봉제 기술의 가능성은 충분하다. 그러기 위해서는 창의적인 제조업으로서 봉제에 대한 리포지셔닝이 필요해 디자인 재단과 함께 〈쏘울쏘잉〉 사업을 진행 중이다. 청년을 대상으로 봉제 기술을 배울 수 있도록 지원하고 마케팅과 브랜딩에 대한 수업을 가르친다. 디자이너와 소통하며 제작자로서 컨설팅할 수 있는 전문가 양성을 목표로 한다.

모든 생산물은 사람의 손을 거쳐야 완성되기에 어떤 물건이기보다 어떤 사람이 물건을 만드느냐가 중요하다. 또한 좋은 제작자들이 어떤 공동체를 이루느냐에 따라 물건뿐 아니라 직업, 환경, 의식 등이 개선될 수 있다. 이로 인해 좋은 일감이 들어오고 젊은 사람도 일하고 싶어 하는 지역으로 만드는 것이 성재 씨와 윤예 씨가 바라는 창신동의 미래이자 공공공간의 목표다.

# Q&A

공공공간의 의미가 궁금해요.

윤예 창신동에서 예술 교육 프로그램을 진행하며 공공성이라는 단어가
자주 언급됐어요. 우리가 생각하는 공공 디자인과 공동체란 무엇인가에
대한 고민을 많이 했거든요. 여기에서 모티브를 얻어 비어 있으면서도
채울 수 있다는 의미로 숫자 〈0〉과 공간을 합쳐 이름을 지은 거예요.
동네의 어느 분이 빵간이라는 별명을 지어 주기도 했어요.
성재 여기에 저희 비전을 명확하게 설명하기 위해 공감, 공유, 공생이라는
의미를 더했습니다.

지속 가능한 지역 재생을 위한 커뮤니티 디자인이 슬로건인데, 공공공간이
생각한 지역 재생이란 무엇인가요?

윤예 주민이 원하는 대로 지역을 바꾸는 것이 지역 재생가? 그렇다면
주민은 누구인가? 이런 물음부터 시작했어요. 최근 지역 재생이 화두인
이유가 서울이라는 메가시티 안에 자립이 가능한 지역이 50퍼센트도 안
돼요. 지역이 자립하려면 지역 내에서 자체적으로 돈을 벌 수 있는 능력이
있어야 해요. 이러한 의미에서 저희가 창신동의 주민으로 지정한 대상은
재봉사예요. 창신동이 매력 있는 이유가 생산하는 주체들이 모여 산다는
것이에요. 이분들이라면 고부가 가치를 창출해 청년들이 일할 수 있는
자리를 만들어 줄 수 있다고 생각합니다.

봉제 마을에 터를 잡고 재봉사와 협업하기까지 쉽지 않았을 것 같아요.

성재 처음부터 사업을 위해 이곳과 인연을 맺은 게 아니고 아이들의
선생님으로 먼저 다가갔기 때문에 자연스럽게 자리를 잡을 수 있었던 것
같아요. 사회적 기업가 중에는 지역민과 잘 어울리려면 함께 밥도 먹고

술도 마시며 친목을 다져야 한다고 말하는데 저희가 술을 좋아하지도
않고 개성을 버리면서 억지로 행동하는 건 싫었어요. 그래서 저희만의
방식으로 봉제 공장 사장님과 함께할 수 있는 공통 관심사가 무엇일지
고민하다 옷을 함께 디자인하고 제작하기 시작한 거예요.

창신동에서 주로 아이디어를 얻는다고 했는데 자세히 좀 설명해 주세요.

윤예 프로그램을 진행하며 생긴 문제점을 하나씩 풀다 보면 자연스럽게
다음 일로 이어져요. 아이들과 지역 도서관 〈뭐든지〉를 만들며
본격적으로 창신동의 봉제 마을, 봉제 산업에 관심을 갖기 시작했어요.
어린이 도서관이지만 봉제 공장 사장님들의 휴식처이자 도서관도
되길 바랐는데 생각보다 어른들의 이용률이 낮더라고요. 동네 내부의
근본적인 고민이 무엇일까 들여다보니 일거리가 없어 책을 읽을 여유가
없는 거예요. 비수기와 성수기의 격차가 심하기도 하고 비수기에는
수익이 없다고 할 만큼 많이 힘들다고 하더라고요. 예전에는 기술 하나만
있으면 먹고살 수 있다고 했는데 기업 공장들이 모두 해외로 이전하고,
물가는 오르는데 임금은 더 낮아지고 봉제 산업은 점점 더 침체됐다며
걱정하시더라고요. 제로웨이스트는 비수기를 이용해 제품을 만들어
창신동 자체에서 수익을 낼 수 있는 시스템을 만들기 위한 것이기도 해요.
이러한 시스템이 지속되려면 다음 세대를 이을 젊은 제작자가 필요하다고
생각해 디자인 재단과 쏘울쏘잉을 시작한 거고요. 전통 시장 리브랜딩의
일환으로 진행한 워크웨어 프로젝트는 쏘울쏘잉의 참가자들과 함께
진행했어요. 아주 작은 수입이지만 배운 것으로 돈을 벌어 보면 직업에
대한 확신과 재미를 맛볼 수 있을 테니까요.

전업 작가로도 활동한 적이 있어요. 당시 어떤 작품 활동을 했는지
궁금해요.

성재 전업 작가라기보다 아르바이트를 하는 예술가라는 표현이 더 정확한 것 같네요.(웃음) 첫 전시를 윤예 씨와 함께했는데 작품 소재가 길고양이었어요. 실제 길고양이를 키우며 겪은 경험을 바탕으로 한 작업이었죠. 길고양이를 키운다고 하면 사람들의 반응이 하나같이 〈도둑 고양이?〉라고 말하더라고요. 길에서 살았다고 도둑이라는 말을 듣는 고양이가 측은하면서도 한편으로 그 단어를 듣는 순간 저도 모르게 품종 없는 고양이를 키운다는 게 조금 창피하더라고요. 그런데 사실 반려동물을 품종으로 나누고 이를 평가하는 게 지극히 인간의 시선이지 정작 고양이는 배불리 먹을 음식과 따뜻한 잠자리만 있으면 행복하다고 느낄 수 있잖아요. 사람들의 편견과 반려묘를 창피하다고 느낀 자신을 비판하는 영상물과 설치물을 제작했어요. 고양이 사료로 만든 〈조선왕실표화묘〉라는 글자를 고양이가 먹어서 사라지게 하는 작업이었죠. 표화묘는 얼룩 고양이를 뜻해요.

공공공간에서 일하는 앳된 얼굴의 직원이 눈에 띄어요.

윤예 지역 청소년이 자신이 살고 있는 동네에 이러한 사회 기반 시설이 있다는 것을 알고 직접 체험해 보는 것이 중요하다고 생각해 청소년 인턴십을 진행하고 있어요. 이를 계기로 봉제 산업에 관심을 갖길 바라요.

사회적 기업가로서 전문성을 더하고자 두 분이 카이스트 사회적 기업가 MBA 과정을 수료했다고요.

윤예 사업 기획서를 쓰거나 손익 분기점과 같은 비즈니스 개념을 몇 번의 기업 연계 프로젝트를 진행해 보며 익혔어요. 하지만 일을 좀 더 체계적으로 하고, 앞으로 꾸준히 기업과 협업하려면 공부가 더 필요하겠다고 생각했습니다. 경영을 배우니까 일하는 방식이 한번 정리가 되더라고요. 그런데 저희가 초기에 쓴 사업 기획서를 다시 보면 조금

서툴러 보이긴 하지만 그 바탕에 있는 사고는 지금 봐도 전혀 어색하지 않더라고요. 비즈니스를 위한 지식도 필요하지만 사회 구조를 바라보는 시각과 문제 해결 방식, 사람과의 소통 등에 대한 인문학적 사고를 스스로 어떻게 정의하느냐가 더 중요한 것 같아요.

요즘 두 분의 가장 큰 고민은 무엇인가요?

윤예 자립적인 사람이 되고 싶었고 우리의 생각과 뜻을 함께하는 사람과 돈을 벌고 싶었는데 공공공간을 만들며 모두 이루었어요. 그다음 단계에는 무엇을 해야 더 성장할 수 있을지 고민 중이에요.
성재 원하는 일을 하면 삶의 만족도가 높아진다고 하던데 그것이 행복과는 별개인 것 같아요. 하고 싶은 것을 하려면 그만큼 하기 싫은 일이 따라오더라고요. 기업은 살거나 죽거나 둘 중 하나인데 공공공간이 직원이 있는 기업으로 성장한 만큼 잘 버티기 위해 많은 노력을 하고 있습니다.

현재를 사는 청춘으로서 마지막으로 한 말씀 부탁드려요.

윤예 많은 빚을 져서 공부했는데 취업하기에는 진입 장벽이 높고 직장에 다녀도 불안정하다는 사람이 많죠. 저는 이 모든 것이 사회의 구조적 문제와 사람들의 편견 때문이라고 생각해요. 사람들의 편견으로 만든 틀에서 벗어나려면 자신을 객관적으로 바라봐야 해요. 사회가 바뀌길 기대하기 전에 자신부터 바뀌어야 해요. 만약 내가 온 힘을 다해 노력했는데 안 된다면 그저 받아들이면 돼요. 그 안에서 내가 행복해질 수 있는 또 다른 방법을 모색하면 되니까요.
성재 행복은 누구나 당연히 누리는 게 아닙니다. 자신이 어떤 자산을 가졌는지, 어떤 것을 포기할 수 있는지, 솔직한 욕구가 무엇인지 잘 알아야 해요. 그 조건에 잘 맞추며 사는 것이 행복이라고 생각해요.

공공공간의 첫 사무실이었던 이곳은 현재 물류 창고로 사용 중이다.

여러 명의 젊은이들이 모여 일을 하는 1층 사무실.

메이드 인 창신동을 만들기 위한 아이디어 스케치.

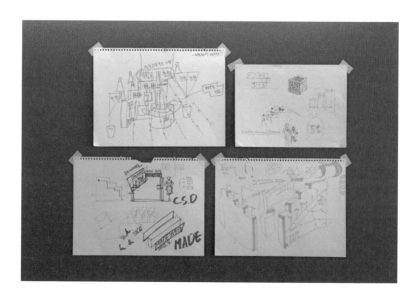

간판이 없어 공장을 찾기 어려운 사람들의 수고를 덜어 주기 위해 만든 〈가드닝 간판〉.

봉제 공장에서 나온 자투리 원단을 담아 만든 방석.

지퍼와 똑딱단추를 이용해 앞치마로 변신 가능하도록 디자인한 에코백. 일명 〈앞치마가방에들어가신다〉.

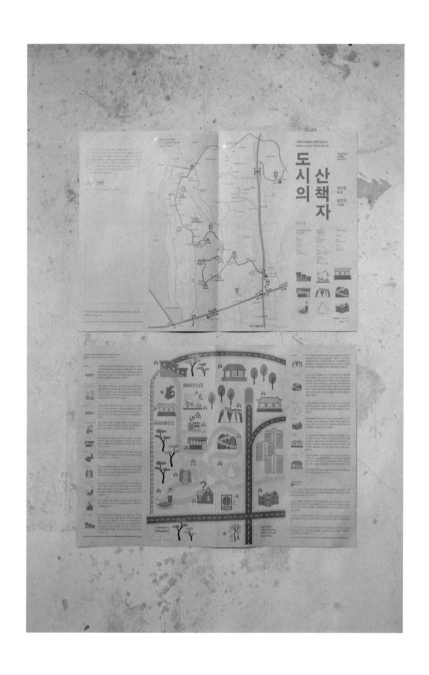

서울문화재단과 함께 진행한 프로젝트 〈도시의 산책자〉.

자투리 원단을 활용해 배지, 미니 쿠션 등을 만들어 보는 워크숍 프로그램.

1

음악가, 영화감독, 만화가

이랑

점심시간이 조금 지난 무렵 어렵사리 구한 그의 연락처를 다시 확인한 후 전화를 걸었다. 방금 자다 깬 듯 나른한 목소리와 무언가 사각사각 씹고 있는 소리가 동시에 들린다. 조금 당황했지만 책 소개를 마친 후 〈아, 방금 일어났나 보네요. 뭐 드시고 계세요?〉라고 물었고 〈네, 조금 전에 일어났어요. 배고파서 뭐 먹고 있어요〉라고 그가 대답했다. 밤늦게까지 작업을 했나? 잠이 많나? 섭외 전화를 마치고 온갖 추측과 상상을 했다. 음악가이자 영화감독 그리고 만화가 이랑 씨의 첫인상이다.

이랑 1986년생. 한국예술종합학교 영상원에서 영화 연출을 전공했다. 2011년 싱글 앨범 「잘 알지도 못하면서」 발매, 단편 영화 「변해야 한다」를 만들었다. 2012년 정규 앨범 「욘욘슨」과 단편 영화 「유도리」, 뮤직 비디오 「프로펠로」 제작. 2013년 『이랑 네컷 만화』(유어마인드)를 출간했다. 2015년 『내가 30代가 됐다』(소시민워크)를 발표했고, 2016년 에세이집 『대체 뭐하자는 인간이지 싶었다』(달) 출간. 2017년 두 번째 정규 앨범 「신의 놀이」로 한국대중음악상 최우수 포크노래상을 수상했다.

## 할 수 있으니까 하는 일

청아한 목소리로 덤덤하게 읊조리는 가사가 외롭고 슬프게 들린다. 빠른 박자의 노래도 그의 목소리를 통하면 나른하고 우울하다. 「욘욘슨」, 「잘 알지도 못하면서」, 「너의 리듬」, 「세상 모든 사람들이 나를 미워하기 시작했다」 등. 음악가 이랑 씨의 노래다. 맑은 음색임에도 어둡게 들리는 노래가 묘하게 중독성 있다.

싱어송라이터 한받 씨를 좋아해 노래를 따라 부르고 기타를 치기 시작한 이랑 씨는 자신이 할 수 있는 쉬운 코드를 찾아 노래를 만들고 학교 식당 앞에서 나 홀로 공연을 시작했다. 지금 와서 생각해 보면 〈그 짓을 왜 했나〉 싶지만 그땐 틈만 나면 학교 식당 앞에서 무언가를 했다. 돈이 필요하면 물건도 가지고 나와 팔았다. 그러다 진짜 돈벌이를 위해 홍대 앞 클럽 공연장을 찾았다. 입장료가 있으니 당연히 공연하는 사람에게 돈을 줄 거라고 생각했다. 단돈 5만 원이라도 좋았다. 일주일에 한 번씩 한 달에 20만 원이면 충분했다. 하지만 첫 공연이 끝난 후 그의 손에 쥐어진 건 아무것도 없었다. 〈이 바닥은 원래 이래〉라는 식의 태도가 조금 당황스러웠지만 공연을 통해 얻은 경험과 새롭게 생긴 인연이 즐거워 일을 이어 갔다. 그러다 공연 기획자 박다함의 눈에 띄어 소모임 레코드에서 첫 정규 음반 「욘욘슨」을 발매했다. 그때가 2012년. 방구석에서 띵가띵가

노래하듯 어설프면서도 자유로워 보이는 그의 모습이 눈에 띈 이유인 듯하다.

이랑 씨의 노래하는 목소리를 한 번이라도 들어 본 이라면 그의 매력에 쉽게 매료될 것이다. 그도 이러한 자신의 매력을 알 거라고 생각한다. 하지만 지금 그는 노래 부르기가 싫다. 「노래 하나를 만드는 데 1년이 걸릴 때도 있고 몇 시간 만에 뚝딱 만들 때도 있어요. 제가 하고 싶은 이야기에 음을 붙이고 노래로 부를 수 있다는 게 재밌어요. 그 결과물이 3~4분의 음악으로 표현되는 거고요. 그런데 사람들이 원하는 건 단지 제가 3~4분 동안 노래를 잘 불러 주는 거예요. 노래를 만들고 부르는 것이 즐거워서 시작한 것뿐인데 이제는 누군가의 기대를 충족시켜야 하고 그들을 위해 곡에 따라 제 감정을 순간순간 바꿔야 하는 게 조금 부담스러워요.」 음악가로 사는 이랑 씨의 요즘 고민이다.

음악가 이랑 씨는 영화감독이기도 하다. 한국예술종합학교 영상원에서 영화 연출을 전공했다. 두 번의 입시 미술 실패 후 진학한 곳이다. 영화사에 다닌 남자 친구의 영향도 있었지만 무엇보다 이창동 감독의 영화 「박하사탕」을 본 후의 충격 때문이다. 부모에게도 젊은 시절이 있었다는 것을, 그 영화를 보며 처음 진지하게 생각했다. 단편 영화 「유도리」, 「주예수와 함께」, 「변해야 한다」가 이랑 씨의 연출작이다. 특히 「유도리」의 내용이 흥미롭다. 미술 영재 교육에 대한 이야기를 풍자적으로 표현한 작품이다.

하찮은 물건도 예술로 포장하면 사람들은 〈이게 예술이구나〉라며 받아들이기 위해 노력한다는 것을 말하고 싶었다고. 우리가 평소 쉽게 접할 수 있는 일상도 이랑 씨의 시점을 통하면 흥미로운 소재로 재탄생한다. 그가 구상하는 시나리오 중 하나는 이렇다. 지하철에서 방언을 내뿜으며 전도하는 아주머니가 집에서 지하철까지 오는 과정은 어떤 모습일까? 누군가의 어머니이며 집에서는 살림도 하는 평범한 주부의 모습이겠지?

음악가이자 영화감독 이랑 씨는 만화가이기도 하다. 『이랑 네컷 만화』, 『내가 30代가 됐다』를 통해 자신의 일상을 이야기한다. 책을 덮는 순간까지 피식피식하며 보게 되는 소소하면서도 공감할 수 있는 이야기로 가득하다. 만화가라는 직업은 이랑 씨가 선택한 것이 아니다. 엄밀히 말하면 어쩌다 보니 만화가가 되었다. 입시 미술까지 한 그가 그림 그리는 일은 그리 어려운 일이 아니다. 그냥 할 수 있는 일이다. 무언가 설명을 덧붙이자면, 그림을 그리며 말하기를 더 쉽게 여기는 사람이다. 스스로 말하길, 그림을 잘 그린다는 칭찬을 들어 본 적이 없다고 한다. 그저 생계를 위한 수단일 뿐이라고 겸손하게 말한다. 하지만 기획자의 레이더는 예민하다. 독립 출판 전문 서점인 유어마인드의 이로 씨가 이랑 씨를 포착했다. 이랑 씨의 단골 카페인 〈아메노커피〉의 주인을 통해 이로 씨를 소개받았는데 음반 준비를 하고 있다는 말에 그 과정을 만화책으로 엮어 보자고 이로 씨가 제안했다. 그렇게 출간된 책이 『이랑 네컷 만화』다. 음악을 어떻게 만들고 녹음하고 발표하는지를 비롯한 일상툰이다.

이랑 씨의 프로필에 항상 따라오는 글이 있다. 〈사람들에게 한 가지만 하라는 말을 많이 들으며 사는 사람〉이다. 〈한 가지도 제대로 해내기 힘든데 하는 것마다 뭐 이리도 술술 해내나〉라는 인상에 괜히 질투가 났다. 자신의 감정과 생각을 노래, 그림, 영화, 글 등의 도구를 활용해 자유롭게 표현하는 것도 부러웠다. 그를 직접 만나기 전만 해도 머리 좋고 재주 좋게 태어난 사람이라고 치부했다. 하지만 그의 이야기를 들으며 다른 이면을 발견했다. 맹목적인 노력과 열정이 있었기에 가능했다는 것을, 그리고 첫인상과 다르게 순수한 사람이라는 것을.

## 그저 좋아서 했을 뿐

미술 유치원에 다니던 이랑 씨의 한때 꿈은 화가였다. 그림 그리는 일이 밥을 먹듯 자연스러운 일이었기에 다른 일을 상상해 본 적이 없다. 그런데 초등학교 입학부터 학교 가기가 싫었다. 왜인지는 모르겠지만 초등학교 때부터 학교 가기를 무척이나 싫어했던 어린 이랑은 결국 고등학생이 되자마자 자퇴를 하고 검정고시에 바로 합격했다. 엄마는 학교도 싫고 학원도 싫어하는 어린 이랑을 동네 화실에 데리고 갔다. 순수 미술 작가들의 공동 작업실인데 자유롭게 그림을 그릴 수 있는 곳이었다. 화실에서 그림 그리는 일 외에 시간이 무척 많이 생긴 그는 언니가 보던 잡지 『페이퍼』를 우연히 접한다. 『페이퍼』는 한때 소문난 글쟁이들이 기자로 있던 감성 매거진으로 유명한 잡지인데, 홈페이지에는 기자와 독자가 직접 커뮤니케이션할 수 있는 게시판이 있었다. 어린 이랑의 눈에 들어온 사람이 지금은 웹툰 작가로 활동하는, 당시에는 가끔 만화를 연재하는 김양수 기자였다. 마침 종이에 끼적끼적 그린 만화가 있어서 웹에 올리고 싶은데 어떻게 올리는지 몰라 김양수 기자에게 편지와 함께 그림을 보냈다. 답장은 오지 않았다. 어린 이랑은 또 보냈다. 역시나 답장이 오지 않았다. 그래서 보내고 또 보냈다. 그때 학교도 안 다니고 만나는 사람도 없었던 잉여 인간이라 이 일이 무척 중요하다고 생각했고 남는 게 시간뿐이라 많은 노력을 투자할 수 있었다. 마침내 끈질긴 노력 끝에 이랑이 보낸 만화가 『페이퍼』 홈페이지에 올라왔다. 이상한 요리를 하는 엄마, 풀과 머리핀으로 쌍꺼풀 만드는 법, 좋아하는 아이스크림 등에 관한 이야기였다. 신난 어린 이랑은 보내고 또 보냈다. 그러다 자연스럽게 연재만화가 되어 버렸고 2년이 흘렀다.

요즘 인스타그램이나 페이스북처럼 싸이월드를 통해 커뮤니티 문화가 활발하던 시절, 이랑 씨는 음악을 만들어 싸이월드 클럽에 올렸다. 친구들에게는 메일을 보내고 답장이 올 때까지 기다렸다. 사람들의 반응이 궁금했다. 박다함 씨가 이랑 씨를 처음 접한 곳도 싸이월드 클럽이었다고 한다. 반응이 괜찮다 싶으면 마이크와 앰프를 들고 학교 식당 앞으로 나가 공연을 했다. 미숙하고 창피할 법도 한데 자신을 표현하는 데 거리낌 없는 사람인 것 같다는 말에 오랜만에 자신의 『페이퍼』 인터뷰 기사를 다시 찾아본 이야기를 한다. 〈전 세계 모든 사람과 친구가 될 거다〉라는 식의 새로운 인간상을 만들고 싶어 했다고. 그땐 만나는 사람마다 노트에 사인

받으며 나에게 해주고 싶은 말을 쓰라고 들고 다녔단다. 그 이야기를 들고 막연히 20대 이랑 씨의 모습은 엉뚱하고도 귀여웠을 것이라고 상상했다.

이랑 씨의 첫 연애는 영화과를 선택하는 데 많은 영향을 미쳤다. 검정고시를 마치고 『페이퍼』의 커뮤니티 활동을 하며 만난 영화 만드는 사람과 연애를 했다. 가족이 아닌 다른 누군가를 선택해 밀접한 관계를 맺을 수 있다는 것이 마냥 신기하고 좋았다. 남자 친구를 너무 좋아한 나머지 떨어져 있기 싫어서 그러면 안 되는 〈짓〉도 했다. 남자 친구가 야근하면 사무실 옆에서 돗자리 깔고 자고 워크숍도 따라가는 등 남자 친구의 사무실에서 생활하다시피 했다. 그때 알게 모르게 영화감독과 배우들이 어떻게 커뮤니케이션을 하고 영화를 완성하는지 자연스럽게 익히게 되었다. 그리고 영화감독이 돼야겠다고 결정적 원인을 제공한 사건이 바로 영화 「박하사탕」을 보며 생각의 전환점을 갖게 되면서부터다.

이랑 씨를 만나기 전엔 건조하고 우울하고 조금은 나태한 삶을 사는 재능 많은 젊은이라고 오해했다. 하지만 인터뷰가 거의 마무리될 무렵 그는 조금 느리게 걸을 뿐 부지런하고 솔직하며 어떤 이에겐 한없이 정성과 시간을 쏟는 여린 사람이라는 생각이 들었다. 그리고 자신을 표현하는 데 거리낌 없는 사람이라고. 지금도 그는 누군가에게 건조하고 나태한 사람일 것이라는 오해를 사며 노는 듯 일하는 듯 꾸준히 할 일 많은 하루를 보내고 있을 것이다.

## Q&A

본명이냐는 질문을 많이 받을 것 같아요.

본명이에요. 〈랑〉은 한자인데 〈물결〉이라는 뜻이에요. 일본식 한자로는
폭포라는 뜻이 있대요. 물과 움직임에 관련된 이름 같아요. 이석,
이범, 이슬, 이승 등 저희 아버지 대부터 그 아래 자식까지 이름이 모두
외자예요. 예명 쓰는 분들은 나름의 이유가 있겠지만 전 좋아하지
않아요. 이름을 바꾸는 순간 그동안 쌓은 자신의 역사는 사라지고 다시
갓난아이로 돌아간다는 느낌이랄까.

트위터 아이디가 랑리스쿨이에요. 자신의 영어 이름에 학교를 붙인
특별한 이유가 있나요?

영국에 랭 리 스쿨(Lang Ley School)이라는 초등학교가 있어요. 그 학교
음악 선생님이 당시 유행한 팝송을 학생들에게 알려 주며 악기 연주와
합창을 가르쳤어요. 그리고 체육관에서 연습한 곡을 발표하며 50장인가,
100장 정도의 음반을 만들어 학부모에게 나눠 줬어요. 이를 〈더 랭 리
스쿨 뮤직 프로젝트〉라고 부르는데, 1970년대 발표했던 이 음반이
잊혔다가 20~30년이 흐른 뒤 헌책방에서 발견되어 2001년에 재발매가
되었어요. 들어 보면 아이들의 순수한 목소리와 연주가 감동이에요.
의미도 좋고 저의 영어 이름 발음과 비슷해서 그 프로젝트를 오마주한
수업을 해보고 싶어요. 저는 해보고 싶은 일이 생기면 주변 사람들에게
막 말하며 다녀요. 그러면 언젠가는 기회가 오더라고요. 그래서 어떤
초등학교에 〈랭 리 스쿨 프로젝트 인 서울〉이라는 창작 음악 수업을
제안해서 잠깐 학교 음악 선생님으로도 일했어요. 하지만 학교라는
울타리 안에서 제 뜻대로 수업하기란 쉽지 않더라고요.

전공이 영화 연출이에요. 어떤 영화를 만들고 싶었나요?

하고 싶은 이야기가 생기면 만들지, 어떤 영화를 만들고 싶다는 생각은
안 해요. 대학 4학년 연출 수업 시간에 많은 학생이 지적받는 건데 〈어떤
영화를 만들겠다〉는 생각 자체가 굉장히 위험한 거래요. 어떤 이야기를
관객에게 전달하고 싶은가를 정한 후 배경을 선택하는 것이지 공포,
스릴러 등 장르를 먼저 정하고 시작하면 처음부터 보여 주기에 치중하게
되고 결국 무슨 이야기를 하는 건지 불명확해져요.

이랑 씨는 영화감독으로서 어떤 색을 가지고 있나요?

저는 풍자를 잘해요. 그래서 제 영화에 출연하는 배우들은 자신의 약점을
최대한 보여 줄 수 있어야 해요. 자신의 약점을 사람들 앞에서 공개할 수
있다는 건 굉장한 용기가 필요하죠.

아이디어를 기록하는 특별한 방법이 있나요?

대학생 때부터 작은 몰스킨 노트를 사용했고 똑같은 것으로 지금껏
꾸준히 쓰고 있어요. 한곳에 아이디어 노트, 스케치, 스케줄을 다
기록해요. 아무에게도 보여 주지 않는 악마의 노트죠. 실명으로 누군가의
욕도 쓰고 우울할 때 회고록처럼 몇 장을 넘기면서 줄줄이 써 내려가기도
해요. 한 번은 한 달 정도 쓴 노트를 도둑맞았는데 한동안 너무
불안했어요. 누군가 의도적으로 가져간 것은 아닌지, 그 내용이 어딘가에
공개될까 봐 무서웠어요.

영화나 음반 작업을 할 때 많은 예산이 필요할 텐데 어떻게 마련하나요?

영화는 저예산으로 제작하려고 노력해요. 시나리오를 쓸 때 가급적 장소
이동을 하지 않으려고 해요. 그래서 영화 「유도리」는 60만 원 정도 들었고
「주예수」는 100만 원 정도 들었는데, 출연했던 친구들이 10만 원씩 보태

쥐서 찍은 적도 있어요. 음반은 소모임 레코드에서 제작해 주니 예산이 필요 없고요.

그럼 생계를 위한 돈은 어떻게 버나요?

혼자 먹고살기에 100만 원이면 충분해요. 만화 연재를 통해 100만 원 정도 버는데, 『이랑 네컷 만화』, 『내가 30代가 됐다』 등의 인세나 앨범 판매 수익, 간간이 공연 또는 제 반려묘인 준이치를 캐릭터로 그린 에코백을 판매하면 부수입이 생겨요. 가끔 수업도 하고요.

이랑 씨에게는 뮤지션, 영화감독, 만화가라는 다양한 수식이 있어요. 혹시 더 확장하고 싶은 직업이 있나요? 롤 모델이 있는지도 궁금하네요.

춤을 좋아하니까, 댄서? 백댄서는 하고 싶어요. 2009년 두리반 모임 시절부터 한받 씨의 백댄서를 하고 있어요. 뮤지션 중 특히 한받 씨를 좋아하거든요. 그분이 음악 하는 모습을 보면 저도 음악을 하고 싶고 그분이 춤추는 걸 보면 저도 춤추고 싶어요. 제가 백댄서라도 돼 그분을 빛나게 해주고 싶어요. 가끔 음악 하는 분들이 저보고 여자 한받 같다는 말을 하는데 그럴 때면 정말 기분이 좋아요.

음악, 영화, 만화 등 결과물은 다르지만 서로 주고받는 시너지가 있을 것 같아요.

제가 표현을 어떻게 하겠다고 생각을 나눠서 하는 게 아니라 이들이 어떻게 시너지 효과를 내는지 잘 모르겠어요. 개인적이거나 슬픈 이야기는 주로 노래로 만들고 어떤 시선에 관한 이야기는 영화로 표현하는 편이에요. 만화는 음악과 영화의 중간 정도? 사실 만화는 원해서 한다기보다 밥벌이를 위한 거예요. 원고를 내면 바로 다음 달에 돈을 받을 수 있잖아요.

오래전부터 우리는 자립할 수 없는 세대라고 생각했어요. 우리는
부모님의 재산을 뜯어먹으며 버틸 수밖에 없는 세대라는 말이죠.
부모님이 부자가 아니면 나 역시 부자가 되기는 불가능한 것이라고.
그래서 별로 심각하게 생각하지 않아요. 다만 싱어송라이터나 영화감독
중 30대 중반을 넘기고도 활동하는 여성이 드물다는 게 조금 걱정이에요.
영화감독으로서 오래 활동하고 싶은데 앞으로 어떻게 살지 방법을 모색해
봐야죠. 존경하는 이창동 감독님도 영화「시」를 찍은 후 몇 년 동안 신작이
없는데, 저 같은 꼬마 감독이 영화를 마음대로 못 찍는 게 당연하다는
생각이 들기도 하면서요.

앨범 준비하고 있고요. 에세이, 뮤직비디오, 단편 영화 등을 준비하고
있어요. 영화「주예수」처럼 친구들과 함께 시트콤도 제작할 예정이에요.
영상 관련 프로젝트는 아마 유튜브에 노출하는 게 다일 테지만 그래도
꾸준히 할 거예요(이랑 씨의 정규 앨범 2집은 2016년 6월 발매되었다).

할 수 있는 일이 매년 조금씩 늘어나는 것 같아요. 대학생일 때는 1년에
단편 영화 한 편 찍는 것도 힘들었는데 지금은 동시에 여러 가지 일을
할 수 있는 요령이 생긴 것 같아요. 앞으로 할 일 중 강의랑 만화 연재도
있는데 이건 먹고살려고 하는 일이에요. 생각해 보니 나머지 일들은
생계와 관계없는 자체 프로젝트네요.

새로운 곡이 만들어지는 과정을 다양한 게스트와 함께 즉석에서 보여 주는 프로젝트 〈신곡의 방〉 현장.

이랑 씨의 1집 앨범 「욘욘슨」.

인생에 대한 고민을 주제로 그린 『이랑 네컷 만화』.

인터뷰 중 밖에서 잠시 휴식을 취하던 그의 모습.

대학생 때부터 매년 같은 모델을 구입해 사용한다는 이랑 씨의 몰스킨 수첩들.

$\dfrac{1}{2}$

오브제 창작자

박길종, 김윤하

사회 초년생 시절 계획대로 일이 잘 풀리지 않아 초조해하고 있을 때 엄마가
이런 말을 했다. 〈아무리 계획을 치밀하게 세워도 그 일이 네 것이 아니면 뭘
해도 안 되게 돼 있어. 억지로 해서 네 것이 됐다면 그만한 대가가 따를 거야.
물 흘러가는 대로 자연스럽게 마음 편히 살으렴.〉 불만과 욕심만 많았던
당시에는 이 말이 말도 안 되는 운명론처럼 들렸고 무슨 뜻인지도 몰랐다.
하지만 몇 년 후 친구의 고민을 듣다 내가 그에게 엄마의 말을 그대로
전하고 있더라. 노력은 하되 전전긍긍하지는 말자고. 나머지는 우연에
맡기자고. 사실 말이 쉽다. 그러다가도 박길종 씨와 김윤하 씨를 보면
엄마가 한 말이 떠오른다. 이들의 이야기를 듣고 있으면 마음만 먹으면 나도
할 수 있겠다는 용기가 생긴다. 가구 디자인, 오브제 제작, 이벤트 기획 등이
가능한 팔방미인인 이들의 활동을 만만히 생각해서 하는 말이 아니다. 여러
번의 우연이 쌓여 지금을 만들었다는 길종 씨와 윤하 씨의 이야기가 다른
사람에게도 용기와 마음의 여유를 주면 좋겠다.

박길종(왼쪽)  1982년생. 한성대학교 서양화과를 졸업했다. 대학교 4학년 때 건축,
경영을 전공하는 친구들과 포스트잇이라는 이름으로 전시, 공연 활동을 했다.
2009년부터 1년간 목공 DIY 아카데미에서 어깨 너머 목공 일을 배우고 2010년 친구들과
하고 싶은 것을 마음대로 해보기 위한 그룹 킷토스트를 결성해 활동했다. 2010년 겨울
젊은 예술가들을 위한 상가이자 예술 공동체 길종상가를 시작했다. 디자이너, 목수 등의
한 단어로 수식되기보다 그냥 길종상가의 박길종으로 불리길 바란다.

김윤하(오른쪽)  1987년생. 홍익대학교에서 조소를 전공했다. 2011년부터 길종상가의
다있다만물상 코너의 사장으로 자신만의 취향과 감성을 담은 핸드메이드 조명과
빈티지 물건, 옷 등을 판매한다. 길종 씨와 손발 척척 맞는 호흡을 자랑하며 전시, 설치,
공간 디자인 등의 다양한 결과물을 보여 주고 있다. 현대 무용가 송주원이 이끄는
일일댄스프로젝트의 단원으로도 활동하며 매력 있는 퍼포먼스를 선보인다.

## 하고 싶은 대로 한다

2011년 이태원과 한남동은 교통이 편리한 중심지라는 이점과 저렴한
임대료로 디자이너와 예술가가 모이는 동네, 당시 가장 이슈가
많은 지역으로 주목받았다. 그때 이태원에 거주하는 창작자 아홉
명의 이야기를 다룬 책 『이태원 주민일기』(북노마드)를 접하며
〈길종상가〉의 박길종 씨를 알게 됐다. 이태원 근처 보광동에 살며
동네에 버려진 가구를 활용해 물건을 만드는 할머니의 경쟁자로
등장한 그는 엉뚱한 캐릭터와 생경한 형태의 오브제 디자인으로
눈길을 끌었다. 여러 매체가 앞다퉈 그를 소개했던 것처럼 나 역시
관심이 갔다. 패션 브랜드 더 센토르, 남성 맞춤복 브랜드 테일러블,
그래픽 디자인 스튜디오 S/O프로젝트 등 이태원과 한남동에 있는
디자인 스튜디오에는 길종 씨가 만든 가구가 자리 잡고 있었고
타입페이지, 프로파간다, 플러스엑스, 슬로워크 등의 디자이너들이
먼저 찾는 디자이너이기도 했다. 1대1 맞춤형 주문 가구 제작으로
그만의 독특한 비례감과 형태, 색감이 눈에 띄었다.

가구 못지않게 길종상가의 홈페이지도 호기심을 자극했다. 〈가공소〉,
〈걷다 사진관〉, 〈영이네〉, 〈간다 인력사무소〉, 〈다있다〉 등 실제
낙원상가나 세운상가의 모습처럼 다양한 가게가 길종상가 안에

입점해 있는 모양이다. 자신이 할 수 있는 모든 것을 보여 주고 싶어 그에 맞게 폴더를 만들고 이름을 붙인 것이다. 세면대 수리, 전등 교체, 창문 바람막이 설치 등의 자질구레한 일을 대신해 주는 간다 인력사무소에 의뢰가 들어올 때는 박길종 대신 박가공이라는 인물로 변신해 유니폼을 갖춰 입고 일하는 모습에 그만 웃음이 나오기도 했다.

개성 있는 조형 감각과 유머를 선보이는 길종 씨의 당시 모습을 회상하자면 마치 혜성처럼 등장한 아이돌 같았다. 하지만 노력 없이 스타가 될 수 없듯 길종 씨 역시 길종상가를 만들기 전 남다른 노력과 경력이 있었다. 한성대학교에서 서양화를 전공한 그는 대학교 4학년 때 건축, 경영 등을 전공하는 친구들과 〈포스트잇〉이라는 이름으로 임대 공간 프로젝트를 진행했다. 서울의 빈 공간을 7~10일 정도 빌려 전시, 공연, 파티 등을 여는 프로젝트였다. 하다 보니 돈 잃고 체력도 잃는 소모적인 일이라고 생각했는데 뜻밖에도 신진 작가로 주목받으며 인사미술공간, 백남준아트센터 등에서 전시를 여는 기회를 얻었다. 하지만 함께했던 친구들이 졸업을 준비하며 뿔뿔이 흩어지고 자연스럽게 그룹은 해체됐다. 길종 씨는 졸업 후 여러 아르바이트를 전전하다 2009년 목공 DIY 아카데미에서 일을 시작했다. 대학 생활을 할 때만 해도 자신은 전업 작가가 될 줄 알았지만 어느 작가의 어시스턴트 생활을 하다 이내 자신이 살고 싶은 모습이 아님을 깨달은 뒤 선택한 일이었다. 「모든 작가가 그렇다는 건 아니지만 모종의 거래, 갤러리를 비롯한 여러 이해

관계가 복잡하게 얽혀 있더라고요. 재밌게 살고 싶어서 작가가 되고
싶었던 건데 제가 원하는 모습은 그게 아니었어요.」 단순히 재밌게
오랫동안 일을 할 수 있을 것 같아 시작한 목공 DIY 아카데미에서
그는 사장님의 조수로 목공 일과 갖가지 잡일을 하며 1년의 시간을
보냈다. 그곳에서 배운 DIY 기술을 응용해 가구와 소품을 만들기
시작했고 2010년 출판, 영상, 가방 등 친구들과 하고 싶은 것을
마음대로 해보기 위한 프로젝트 그룹 〈킷토스트〉를 결성해 용산구
보광동에서 활동을 시작했다. 그리고 2010년 12월 24일, 하던 일과
주문들이 모두 끝나자 갑자기 연초까지 할 일이 없어진 길종 씨는
그날 지금의 길종상가를 온라인에 뚝딱뚝딱 세우기 시작했다.


2012년 1월 20일, 이슬람 사원 근처 도깨비 시장에 온라인으로만
존재했던 길종상가가 실제 상가로 문을 연 날이다. 그의 취향이
반영된 실제 상가가 어떤 모습일지 궁금해서 찾아간 날은 길종 씨의
또 다른 모습을 발견한 날이기도 하다. 가구 제작자 박길종, 간다
인력사무소 박가공의 뒤를 이을 또 다른 인격을 만난 듯 배꼽 잡는
말솜씨와 조금은 뻔뻔한 태도의 장사꾼처럼 물건을 판매하던 그날의
길종 씨를 잊지 못한다. 그의 말재간에 넘어가 몇 가지 소소한 물건을
주워 담다 여러 개의 과일 부조와 조화를 덧달아 만든 독특한 모양의
조명을 발견했다. 알고 보니 그 조명은 길종상가 카운터에 조용히
앉아 있던 묘령의 여인이 만든 것. 그 여인이 바로 길종상가에 입점한
〈다있다만물상〉의 사장이자, 지금은 길종상가의 프로젝트를 함께
이끄는 김윤하 씨였다.

## 어떻게든 하면 된다

홍익대학교에서 조소를 전공한 윤하 씨는 길종 씨를 만나기
전 대학원 진학을 고민하던 학생이었다. 그 역시 전업 작가를
꿈꾸었지만 대학원 진학에 대해 고민하면 할수록 의구심만 들었다.
그래서 〈에라, 모르겠다〉는 심정으로 한 학기를 남겨 두고 일단
놀기를 결심했다. 그때 친구들과의 술자리에서 길종 씨를 만났다.
「길종 씨와 대화하며 물건을 좋아하는 성향이나 삶에 대한 가치관이
제법 맞아떨어진다는 걸 알게 됐어요. 큰 성공이나 큰 인물이
되기를 꿈꿔 본 적 없거든요. 규격화된 틀 안에 있는 걸 좋아하지
않아 취업을 생각해 본 적도 없고요. 마침 길종 씨가 자신이
운영하는 길종상가 안에 만물상 코너가 있는데 다른 일이 많아지며
소홀해졌다고 저에게 해보지 않겠냐고 하더라고요. 재밌겠다는
생각에 선뜻 만물상 일을 시작했고 공간을 꾸미는 걸 좋아하다
보니 조명에도 관심이 있어 저만의 방식으로 조명을 만들어 팔기
시작했습니다.」

윤하 씨가 다있다만물상의 사장으로 합류하며 길종 씨는
길종상가라는 이름으로 해보고 싶었던 프로젝트를 본격적으로
시작했다. 길종상가가 맞춤 가구 제작 외 할 수 있는 일의 영역이
확장되기 시작한 것도 이때부터다. 실제 상가에 길종직업학교를
오픈해 길종 씨는 우드락으로 만드는 가구 교실을, 윤하 씨는 뜨개
교실을 열어 자신들의 손재주를 팔았다. 빈티지 옷에 관심 많은 윤하
씨가 기획한 〈코트대전〉이나 〈3, 4, 옷〉은 이른 아침부터 줄을 서야

할 만큼 장사진을 이룬 인기 행사였다. 특히 평소 흠모하던 뮤지션, 디자이너, 포토그래퍼 등을 만나 볼 수 있었던 〈듣거나, 말하거나, 마시거나!〉는 공연과 먹거리, 토크 쇼가 결합된 이색적인 연출로 공연 기획자의 면모를 보여 준 이벤트였다. 이들이 즐겁게 노는 모습에 나도 그 한 사람으로 참여해 보고 싶었고 자신들이 할 수 있는 작은 능력도 무심히 흘리지 않고 일거리로 만드는 이들의 활동에 〈나도 할 수 있지 않을까〉라는 용기를 얻기도 했다. 그러다가도 이들의 자유로운 사고와 끼를 느낄 때면 역시 〈아무나 하는 건 아니야〉라는 생각이 들기도 했다. 여러 이벤트와 크고 작은 전시를 열며 자신들의 기량을 펼치던 길종 씨와 윤하 씨는 2015년부터 에르메스의 신라호텔점, 롯데타워점 등의 시즌별 윈도 디스플레이를 장식하는 협업 작가로 활동하고 있다. 2014년 갤러리 플라토에서 열린 「스펙트럼-스펙트럼」전의 작가로 〈아 귀에 걸면 다르고, 어 코에 걸면 다르다〉라는 조형물을 들고 참여했는데 우연히 에르메스 관계자의 눈에 띈 것이 인연이 되었다. 이 덕분에 길종상가에는 처음으로 정기적으로 들어오는 수입과 장기적으로 자신들의 색을 보여 줄 수 있는 공간이 생겼다.

## 야망은 없지만 욕심은 있다

여러 프로젝트와 전시를 선보이는 길종상가를 보면 하고 싶은 일하며 돈도 잘 벌 거라고 생각하기 쉽다. 이에 대해 길종 씨가 먼저 운을 뗀다. 「이 일이 좋아서 하는 건 아니고 밥벌이하며 자유롭게 살 수 있게 해주는 일이라 좋은 거예요.」 이 말을 듣고 자영업이나

프리랜서로 사는 것도 삶을 윤택하게 만드는 방법 중 하나라는
것을 다시 한번 자각했다. 윤하 씨는 자신이 하는 일을 의심해 본
적은 없지만 조금은 불안하다고 털어놓는다. 「전시나 이벤트를
한다고 해서 목돈이 들어오는 건 아니에요. 그래서 평소 돈을 나눠
놓고 아껴 쓰고 있어요. 2015년부터 에르메스 윈도 디스플레이를
하게 되어 3개월마다 한 번씩 고정 수입이 들어오는 걸 다행스럽게
생각하고 있습니다.」 누군가 좋아서 하는 일이냐고 묻는다면 당당히
〈그렇다〉라고 말하지 못할 것이라고 한다. 다만 디자인, 제작, 전시,
배송 등의 일마다 각각의 재미를 찾고 그 순간을 최대한 즐기려고
노력한다. 이왕 하는 거 잘해서 인정받고 싶었고 그러한 욕심이 쌓여
지금의 길종상가를 있게 했다.

길종상가를 운영하며 가장 좋은 점은 다양한 분야의 사람을 만날 수
있는 기회를 얻는 것이다. 가구, 전시, 이벤트를 기획하며 사람들을
만나고 그들의 집이나 사무실을 방문하는 일, 함께 이야기를 나누는
재미, 이를 통해 알게 되는 또 다른 세상, 이로써 넓어지는 시야와
열린 사고를 얻을 수 있었던 작은 기회와 우연들이 길종상가를
이끌고 나가는 원동력이다. 그리고 그것이 길종 씨와 윤하 씨가
원하는 삶의 즐거움이자 만족이다.

# Q&A

길종 씨와 윤하 씨의 주거 공간을 살펴보니 빈티지하면서도 키치한
분위기가 닮았어요. 특히 윤하 씨는 패션 감각도 남다른 것 같은데 이
같은 취향이 생겨난 배경이 있나요?

**윤하** 옛것과 할머니의 집이 있는 시골 풍경을 좋아해요. 길종상가에서
물건을 만들어 팔기 시작할 때는 돈이 부족해서 저렴하면서도 손쉽게
구할 수 있는 재료로 만들어 팔다 보니 그런 이미지가 생긴 것 같아요.
대학교 때 뉴욕으로 어학연수를 갔었는데 패션이나 인테리어를 잘 꾸미고
싶지만 돈이 넉넉하지 않아 집 앞 벼룩시장에서 빈티지 물건을 구입했던
영향도 있는 것 같고요. 그렇다고 꼭 그러한 스타일만 고집하는 건
아니에요. 유리나 금속을 사용한 세련된 느낌도 좋아한답니다.


윤하 씨는 길종상가와 엮여서 소개되는 경우가 많더라고요. 혹시 이
때문에 손해를 보거나 서운한 적은 없나요?

**윤하** 가끔 서운할 때가 있긴 하지만 불만은 없어요. 아직 길종 씨의
도움을 많이 받는 게 사실이기도 하고요.


길종상가에는 여러 협업 작가가 있던데 소개해 주세요.

**길종** 길종상가에 입점한 가게 사장님이라고 생각하면 이해가 좀
쉬워요. 2010년 12월에 길종상가를 만든 후 1년 정도 혼자하다 2011년
11월부터 윤하 씨가 합류했고 2012년 초에 류혜욱 씨가 유익점이라는
가명으로 〈꿰다직물점〉을 운영하며 패브릭 관련 물건을 만들었어요.
송대영 씨가 송화백이라는 이름으로 〈판다화랑〉을 맡았고요. 저를
포함해 네 명의 사장이 길종상가를 운영하다 2012년 말에 송대영 씨는
학업 때문에 휴업하고 류혜욱 씨는 패브릭 작업에 좀 더 집중하기 위해

그만두었습니다. 저희가 물건 제작 외에 여러 행사를 같이 했었잖아요. 송대영 씨는 서양화를 공부했었는데 자퇴하고 사운드 미디어학과로 전공을 바꿔 졸업했어요. 그리고 2014년 초에 다시 길종상가에 입점해 지금껏 함께하고 있습니다. 「스팩트럼-스펙트럼」전에 오브제와 사운드를 함께 선보였었는데 송대영 씨의 남다른 재주 때문에 가능한 전시였죠.

길종 씨는 박가공, 윤하 씨는 한때 김다만이라는 가명을 쓰기도 했어요. 유익점, 송화백, 나만든 등의 가명을 지어 활동한 이유가 궁금해요.

윤하 길종 씨가 박가공이라는 이름으로 가상의 캐릭터를 만들었듯이 서로 다른 이름으로 역할극을 하면 재밌겠다 싶어 다이다만물상을 줄여서 김다만이라고 이름 지었어요. 이름이 생겼으니 여기에 맞는 새로운 캐릭터를 만들어 본 거예요. 당시 김다만의 콘셉트는 빈티지 상점을 운영하는 술 좋아하는 이혼녀였어요. 전남편에 대한 이야기, 박가공이 김다만을 짝사랑하는 이야기 등을 만들어 페이스북에 올렸는데 당시 국내에서는 사람들이 페이스북을 활발하게 사용하던 때가 아니라 이런 유치하고 뻔한 거짓말을 진짜로 믿고 입소문이 났었죠. 길종상가에는 실제 몇 명의 사람이 함께하는지 혼란스러워하기도 했고요. 이 때문에 사람들이 길종상가에 더 흥미를 갖고 관심 가져 준 것 같아요. 요즘 같이 SNS가 활발한 때였다면 금방 들통났을 거예요.

간다인력사무소는 새로운 노동 형태와 재미를 보여 주는 신선한 모습이었습니다.

길종 살아오면서 배우고 느끼고 겪어 온 모든 것을 이용해 다른 사람에게 필요한 물건이나 인력을 제공한다는 길종상가의 정의를 잘 보여 준 일이라고 생각해요. 부모님과 독립한 지 10년이 넘었고 여러 아르바이트를 전전하며 배운 기술이 조금 있어요. 집 어딘가를 고치거나 물건을 수리하는 것이 저에게는 어렵지 않은 일이에요. 예를 들어 세면대 수리나 전등 교체 같은 거요. 일을 하고 책을 받거나 함께 식사를 하는 것으로 수고비를 대신하며 다양한 분야의 사람들과 어렵지 않게 인연을 맺을 수 있었죠.

길종 씨는 정식으로 가구를 배워 본 적이 없는데 작업하다 한계에 부딪힌 적은 없었나요?

길종 사람들이 편의상 저를 목수나 가구 디자이너라고 부르는 것이지 스스로 이 분야의 전문가라고 생각해 본 적이 없어서 가구에 대한 전문 지식이나 기술의 필요성을 느껴 보지 못했어요. 결과물이 가구이긴 하지만 가구라고 생각하며 만들지 않거든요. 기능이 있는 물건 또는 오브제라는 표현이 적당한 것 같아요. 디자인을 전공하지 않아서 캐드나 스케치업 같은 프로그램을 잘 다루지 못하는 것이 아쉽기는 해요. 하지만 디자인을 전공하지 않았기 때문에 산업 디자인이나 가구를 전공한 분과 비교해 디자인 접근법이나 재료 사용, 아이디어 전개가 조금 다르지 않나 생각합니다.

디자인 접근법이나 아이디어 전개 방식이 궁금해요.

길종 예전에는 좋은 이미지를 보면 스크랩을 했었는데 제가 다시 꺼내 보지 않더라고요. 그래서 물건이나 그림을 한번 볼 때 유심히 살펴보고 그 자리에서 바로 머릿속으로 변형해 보거나, 만약 내가 이걸 만든다면 무엇을 빼고 추가할 것인지를 상상해요. 기억에만 의존하면 잊어버리는 경우가 대부분이긴 한데 그렇게 잊어버릴 아이디어였다면 제 것이 아니었다는 뜻이겠죠.

2012년 이슬람 사원 근처에서 1년 반, 한남동과 이태원 사이에서 1년 정도 길종상가의 실제 상가를 운영했어요. 그곳에서 열린 다양한 프로그램이 흥미로웠는데 문을 닫아 아쉽더라고요.

길종 이사했던 곳이 처음 문을 열었던 가게보다 깨끗한 공간이어서 옮긴 거였고요. 관리와 운영에 문제가 있어서 문을 닫았어요. 일정 시간에 문을 열고 닫아야 하고 새로운 물건도 계속 채워 넣고 가게 홍보도 해야 제대로 운영이 되잖아요. 누군가가 총을 메야 하는데 저희는 그러지 못했어요. 오늘은 너무 추우니까 사람들이 안 올 거야, 어제 열심히 일했으니까 오늘은 쉴까? 하다 흐지부지해졌어요. 회사 생활을 경험해 본 사람도 없고 경영 마인드가 있는 사람도 없으니 실제 공간을 운영하는 게 우리에겐 아직 무리구나 싶었죠.

독립적으로 일하는 사람일수록 시간 관리가 중요할 것 같아요.

길종 주변 환경에 따라 시간을 쓰는 방식이 조금씩 달라지는 것 같아요. 작업실에서 살 땐 오전 8~9시에 일어나 바로 일을 시작했어요. 먹고 일하기만을 반복하며 늦은 시간까지 일했는데 작업실과 주거 공간이 분리되면서 이전보다 조금 늦게 일어나 아침 겸 점심을 먹고 밤 10시쯤에 일을 마칩니다. 요즘은 삶의 질을 높이기 위해 오전 일찍 일을 시작하고 일찍 퇴근해 저녁이 있는 삶을 보내려 하고 있습니다.
윤하 저는 조금 강박증이 있는 편이에요. 매일 아침 청소를 하고 커피 한잔 마셔야 해요. 만약 이른 아침부터 외부 일정이 있다면 제가 매일 아침 거르지 않는 그 일을 하기 위해 더 일찍 일어나 청소를 하며 하루를 시작합니다. 원하는 시간에 느긋하게 게으름을 피우기 위해 오늘 하루 해야 할 목록을 만들고 계획을 세우며 일을 처리하는 편이에요. 노는 것도 계획을 세워서 노는 걸 좋아하고요.

윤하 씨는 프리 다이빙, 무용 등의 취미 생활을 적극적으로 하는 것
같아요.

윤하 건강하게 살기 위해 프리 다이빙과 무용을 시작한 건데 적성에 잘
맞더라고요. 뜨개질이나 식물 가꾸기도 좋아하는데 나는 왜 이런 걸
좋아하나 생각해 본 적이 있어요. 아마도 우울한 감정이나 내적 갈등이
자주 일어나는 편이라 감정의 균형을 잡기 위해 마음에 안정을 주는
활동을 좋아하는 것 같아요.

무용이 취미라기엔 전문적으로 활동하는 것 같더군요.

윤하 송주원 안무가가 만든 〈일일댄스프로젝트〉의 단원입니다. 춤 동작,
스트레칭 등을 배우려고 가벼운 마음으로 시작했는데 운 좋게 선생님
눈에 띄어서 「풍정.각」이라는 퍼포먼스에도 참여했어요. 꾸준히 하다 보면
무용도 저의 또 다른 직업이 될 수 있겠다는 가능성을 열어 두고 있습니다.

길종 씨는 군대 생활과 목공 DIY 아카데미 활동만으로도 조직 생활을
충분히 경험한 것 같다고 했어요. 윤하 씨는 일을 배우거나 조직 문화를
경험해 보고 싶다는 생각을 해본 적 있나요?

윤하 작가가 되고 싶었기 때문에 취직을 생각해 본 적은 없어요. 대학교 때
단기 아르바이트를 많이 했었는데 짧게 짧게 일하는 걸 안 좋게 보는 분도
있지만 저는 짧게 일하는 것도 꾸준히 하다 보면 나름 제 갈 길이 생길
거라고 믿는 편이었어요. 조소과에는 작가 어시스턴트, 마네킹 만들기,
백화점 디스플레이 등의 일거리가 자주 들어와요. 그때 했던 경험들이
밑거름이 되어 지금은 무엇이든 맡겨만 주면 〈할 수 있겠다〉라는 생각이
먼저 들어요. 실제로도 일을 쉽게 잘 진행하는 편이고요. 에르메스 쇼윈도
작업도 이러한 경험이 있었기에 가능하다고 생각해요.

두 분 모두 지금 하는 일이 가장 좋아하는 일은 아니라고 했는데, 앞으로 진짜 좋아서 계속하고 싶은 일이 있다면?

윤하 찾아 가는 중이에요. 언젠가 무엇이 됐든 결판을 내긴 해야겠죠.(웃음) 아직은 야자(반려견)를 먹여 살리고 꾸준히 운동할 수 있는 정도의 여유만 있어도 만족스러워요. 적은 돈으로 행복하게 살 수 있는 마음가짐과 상황이 따라 주면 좋겠어요.

길종 저희가 술집이면서 물건도 파는 가게를 하고 싶다는 얘기를 자주 해요. 예약제로 한 달에 물건 한두 개만 만들어 팔고 가게를 운영하는 형식으로요. 아니면 지금까지의 결과물을 책으로 엮어서 발표하고 완전히 다른 일을 해볼까 싶기도 해요. 근데 이건 어디까지나 즐거운 상상일 뿐입니다. 현재 이걸로 돈을 벌어먹고 살고 있으니까 꾸준히 해야겠죠. 일이 많아지고 사람들이 〈빨리빨리〉를 요구하니까 체력과 창의력이 소모되기만 하는 것 같아 이를 막을 수 있는 방법을 찾고 있습니다.

길종 씨가 오랜 시간을 보냈던 보광동 작업실. 현재는 을지로에 작업실을 두고 있다.

공간을 효율적으로 사용하는 길종 씨. 보광동에 살던 그는 최근 성북동으로 이사했다.

오래된 가구와 물건들로 꾸민 윤하 씨의 집. 그만의 뚜렷한 취향이 엿보인다.

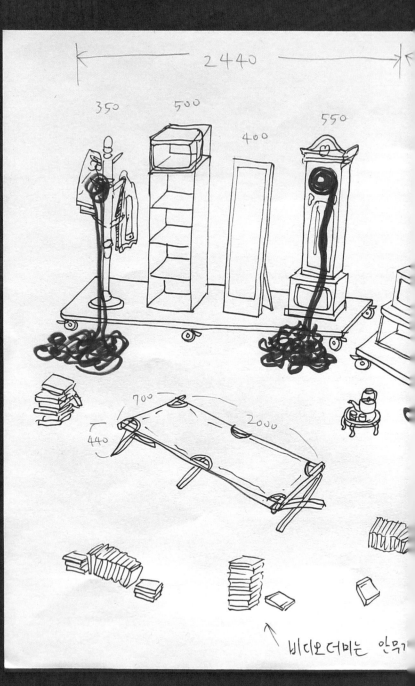

Ⓕ 안명전 〈원룸 극조〉

밑판

| 2440 | 610 |
|------|-----|

| 3100 | 610 |
|------|-----|

3100

18T 합판에 브레이크 바퀴 장착
검은색 칠.

550

300

900

전선 8개

TV 3대
릴테이프 모터 4개
선풍기, 조명

비디오장비전선?

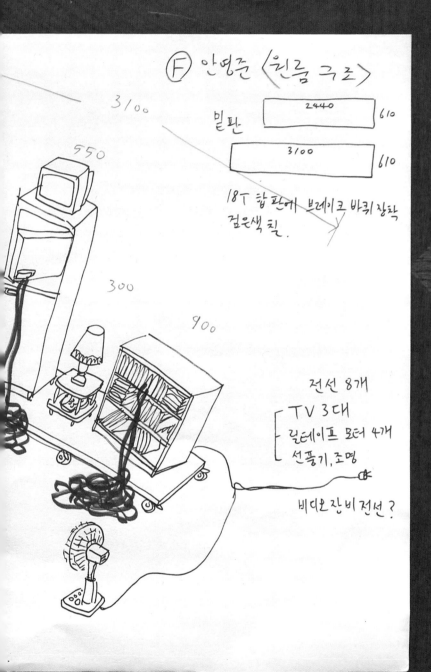

목재와 각종 공구들로 가득한 길종상가 작업실 풍경.

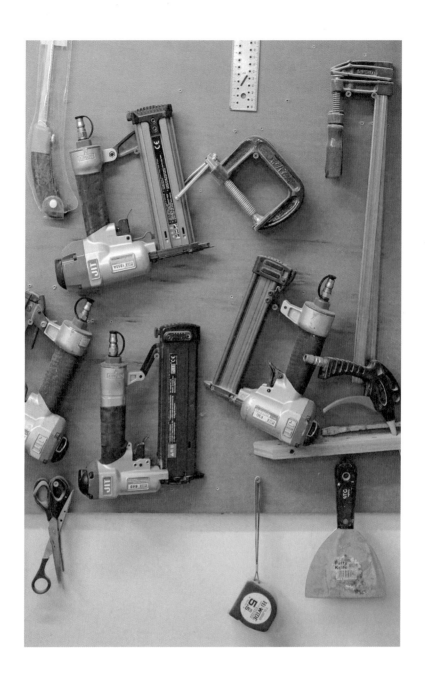

다양한 오브제를 만드는 길종상가의 공구용품.

# 1/3

디자이너, 번역가, 여행자

조동희

2012년 가을, 일본의 유명 그래픽 디자이너 사토 다쿠의 내한 강연이 있던 날 조동희 씨를 처음 만났다. 사토 다쿠의 옆에서 동시통역을 하던 그를 그때만 해도 특별하게 느끼지 못했다. 그러다 당시 일하던 잡지사의 일본 기획 기사를 진행하며 동희 씨와의 인연이 다시 시작됐고, 5일간 일본 출장을 함께하며 알게 된 그와 아프리카, 그리고 디자인에 대한 이야기를 나누며 어느 사이 매료되었다. 알지 못해 관심을 두지 못했고 알았어도 쉽게 도전할 수 없었을 일들을 그는 실천하고 있었다.

조동희  1983년생. 한국외국어대학교에서 일본어를 전공했다. 어릴 적부터 디자이너를 꿈꿨지만 주어진 여건 때문에 꿈을 잠시 미룰 수밖에 없었다. 하지만 끝없는 의지로 그래픽 디자인 툴을 독학하고 디자이너의 재능 기부 모임 웰던 프로젝트를 결성해 아프리카 난민을 위한 텀블러와 교육책을 만들어 식수 저장고 설치를 지원한다. 태국 치앙마이 카렌족 여성이 직접 짠 직물을 크라우드 펀딩을 통해 판매했다. 현재, 질 좋은 삶을 위한 디자인을 고민하고 있다.

## 아프리카 난민을 돕는 남다른 방식

동희 씨는 한국외국어대학교에서 일본어를 전공하고 프리랜서로
통역, 번역 일을 한다. 독학으로 터득한 그래픽 디자인 툴을 활용해
편집, 브랜딩 등의 여러 프로젝트도 진행한다. 언어에 관심이
많아 영어도 할 줄 아는 그가 자신의 장기와 관심사를 살려 하는
일이 〈웰던 프로젝트〉다. 2009년 디자이너의 재능 기부 모임으로
시작한 웰던 프로젝트는 자신들이 직접 디자인한 제품을 판매해
그 수익금으로 아프리카 난민을 돕는다. 텀블러, 엽서 등을 팔아
1년 동안 1,000만 원을 모았고 2010년 월드비전을 통해 아프리카
DR콩고에 식수 펌프 제작에 지원했다. NGO 단체도 아닌 개인의
재능과 열정을 모아 이러한 결과를 냈다는 게 흥미롭다.

「대학교 때 지인이 길에서 넘어져 사망한 일이 있었어요. 교통사고도
아니고 가볍게 넘어진 건데 영문도 모른 채 허무하게 죽은 거죠.
함께 웃고 떠들던 사람을 영정 사진으로 마주한 일이 충격이었어요.
슬프기도 하지만 무엇 하나 제대로 해본 것 없이 이렇게 인생을
마감할 수도 있겠다는 생각에 갑자기 겁이 나더라고요. 그날
이후부터 하고 싶은 일이 있다면 일단 행동하기로 결심했어요.」 사실
그가 하고 싶었던 일은 일본어가 아닌 집안 사정으로 할 수 없었던

미술 공부와 봉사 활동이었다. 일을 해서 모은 돈으로 화실을 다니기 시작했고 봉사 활동을 알아보던 중 학교 게시판을 보고 월드비전의 아프리카 봉사 활동 모집 공고를 접했다. 웰던 프로젝트를 있게 한 아프리카와 동희 씨의 인연은 이렇게 시작됐다.

이전에도 누군가를 돕고 싶다는 생각에 2년 정도 월드비전에 후원금을 보내긴 했지만 실제 현장을 찾아가 경험한 아프리카의 모습은 더 심각했다. 이를 계기로 웰던 프로젝트를 결성해 뜻이 맞는 디자이너와 함께 식수 펌프와 식수 저장고 설치를 위한 프로젝트를 기획한 것이다. 6개월 동안 1,000만 원을 모아 프로젝트를 끝내기로 한 게 1년이 걸리고 능숙하지 않은 디자인 실력으로 돈을 받고 팔 만한 물건을 만들려니 온갖 고생을 다해야 했다. 좋은 성과를 거두어 보람되긴 했지만 정신적, 육체적 노동이 컸던 터라 이를 마지막으로 손을 놓고 싶었다. 하지만 아프리카는 동희 씨를 놓아 주지 않았다. 동희 씨 또한 그 손을 쉽게 뿌리칠 수 없었다. 웰던 프로젝트의 첫 번째 후원금이 전달된 후 월드비전의 지원으로 현지에 직접 방문할 기회가 주어졌다. 어떻게 만들었는지 구경할 겸 가벼운 발걸음으로 찾아갔는데 돌아올 때 바위를 지고 온 듯 마음이 무거웠다. 「아프리카 중남부에 있는 잠비아에 들리게 됐는데, 후원금 100만 원을 모아 구입한 크레파스와 스케치북을 들고 은테베 학교에 방문했습니다. 아프리카의 빈부 격차로 인한 사회 문제가 심각하다는 건 알고 있었지만 빈민가의 학교를 보니 그 간극은 상상 이상이었어요. 서너 시간 걸리는 먼 거리를 맨발로 걸어서 학교에

왔는데 교재가 없어서 칠판만 멀뚱멀뚱 바라본다고 하더라고요.
아이들에게 장래 희망을 물어보면 농부, 선생님, 운전사, 간호사,
축구 선수가 아이들이 아는 직업의 전부였어요. 이러한 환경이
이곳에 사는 아이들에게 좋은 건지, 나쁜 건지 그땐 판단이 잘 서지
않았죠.」하지만 동희 씨는 이내 화가 났다. 아프리카의 다른 지역,
다른 계층의 사람들을 만나며 어린아이들에게 주어지는 기회조차
불평등하다는 것이, 이러한 불평등이 빈부 격차를 만들고 사회의
부조리를 낳는다는 것에 화가 났다. 오염된 식수를 마시고 죽어
가는 아이들이 있는 반면, 부자들은 수영장을 갖추며 호화롭게 사는
극단적인 모습에 충격을 받았다. 동희 씨는 이러한 현상을 교육의
질적 문제에서 찾았다. 가진 자들은 어릴 적부터 고등 교육을 받으며
지배 계층으로 성장하고 부모가 부를 축적했던 방식대로 이들 또한
대를 잇는다는 점이다. 태어날 때부터 기회가 박탈된다는 그 기분,
청소년기를 어렵게 보낸 동희 씨는 어렴풋하게나마 알 것 같았다.

1999년 아프리카 기니에서 벨기에로 향하는 비행기 화물칸에 타고
밀항을 시도하다 동사한 소년 아킨과 포드의 이야기가 신문에 실린
적이 있다. 그들이 남긴 편지에는 학교가 있어도 선생님과 책이
없어서 공부를 하지 못한다는 내용이 적혀 있었다. 뒤늦게 이 사연을
알게 된 동희 씨는 아프리카 아이들을 위한 교육책을 만들기로
결심한다. 단순한 식량 원조나 후원금보다 아이들의 꿈을 이룰 수
있는 방법으로 교육책이 더 효과적이라고 생각했다. 그림만으로도
이해가 가능하고 실생활에서도 유용한 과목인 산수책을 선택해

2013년 SNS에 모집 공고를 올리고 이를 보고 모인 수학 선생님, 편집자, 일러스트레이터, 번역가와 함께 1년 만에 산수책을 완성했다. 초등학교 1~3학년을 타깃으로 딱딱한 산수책이 아닌 재미있는 그림 산수책으로 아프리카 아이 〈디디에〉를 주인공으로 이야기를 풀어 가는 방식이다. 이 책에는 산수책이지만 넬슨 만델라 전 대통령, 코피 아난 전 UN 사무총장 등 아프리카 출신의 위인 이야기를 넣어 아이들이 좀 더 큰 꿈을 갖길 바라는 마음을 담았다. 400권은 아프리카 탄자니아에 가져가 판매하거나 학교에 배포했다. 이 과정에서 국내의 적정기술미래포럼의 도움을 크게 받았다. 책을 살 수 없는 아이들에겐 무상으로, 공립이나 사립 학교에는 우리 돈 3,000~6,000원에 판매한다. 이 수익금으로 탄자니아 아루샤 지역에 있는 시노니 초등학교와 음부유니 초등학교의 식수 펌프를 정비하는 데 지원했다. 교육과 식수 문제를 동시에 해결하는 일석이조의 성과를 거둔 셈이다. 동희 씨는 이 책이 좀 더 많은 아이에게 전해지길 바랐다. 이에 4월에 열리는 볼로냐 국제 아동 도서전에 참가하는 출판사 리스트를 찾아 산수책 사연을 보내며 도움의 손길을 요청했다. 답장이 온 곳 중 아프리카 기니 출신의 출판 관계자 알리오 소우와 인연이 되어 프랑스어 번역판이 출간되었다. 그림 산수책은 유명세를 타기 시작해 지난 가을 동희 씨는 국제 문화 교류 네트워크 월드컬처오픈의 추천으로 오스트리아에서 열리는 잘츠부르크 글로벌 세미나의 영 컬처 이노베이터 세션에 참가해 산수책을 소개하는 자리를 가질 수 있었다. 서울에서 독고다이로 고군분투하며 열정, 후회, 오기, 보람을 반복하며 시작한 일이 그를 국제 무대에까지 오르게 한 것이다.

## 인생은 우연과 선택의 연속

직접 만든 엽서와 텀블러, 그림 산수책은 아프리카 난민을 위해
시작한 웰던 프로젝트의 5년간의 성과물이다. 디자인 전공자는
아니지만 디자이너가 되고자 하는 동희 씨의 노력과 정성이 따뜻한
결과물로 완성됐다. 누군가를 돕는 행위를 통해 행복을 느끼는
그를 보며 건강한 정신과 마음을 가진 사람이라고 생각했다.
하지만 프로젝트를 진행하며 병원에 실려 가기를 수차례, 걱정이
들기 시작했다. 자신을 제대로 돌볼 여력도 없이 왜 이토록 웰던
프로젝트에 열성인지, 그의 어린 시절 이야기를 통해 짐작해 볼 수
있었다.


「미대에 진학하고 싶었는데 중3 때 보증을 잘못 선 부모님에 의해
형편이 어려워졌어요. 고등학교까지 간신히 졸업하고 대학에 들어갈
여력은 안 돼서 여러 아르바이트를 하며 생계를 이어 갔습니다.
좀 더 나은 일을 하고 싶었지만 자격 미달로 서류조차 낼 수 없어
속상했어요. 그때 대학 졸업장이 필요하다는 걸 느끼고 독서실 관리
아르바이트를 하며 공부를 다시 시작했습니다.」또래보다 2년 늦게
시작한 수능 공부였지만 당당히 대학에 합격했고 자신이 관심 있어
하는 언어 중 하나인 일본어를 선택했다. 그때도 디자인에 대한
미련을 떨칠 순 없었지만 당장의 현실을 생각했다.
디자인에 대한 열망이 다시 피어난 건 어학연수를 핑계 삼아 떠난

영국에서였다.「대학교 3학년 때 휴학을 하고 모은 돈으로 런던에 갔는데 그곳에서 만난 남자 친구가 사진을 잘 찍는 사람이었어요. 그 친구와 함께 카메라를 들고 이곳저곳을 다니며 사진을 찍는 게 우리의 데이트였죠. 런던의 간판 디자인이나 건축, 전시 등이 무척 흥미로웠어요. 좋은 문화 환경을 접하며 내가 진짜 하고 싶었던 일을 다시 진지하게 생각하게 됐습니다.」런던 생활은 동희 씨의 가슴속 깊이 꾹꾹 눌러 심었던 꿈의 싹을 움트게 했다. 그리고 서울로 돌아와 졸업을 앞두던 해에 디자인 잡지 『CA』의 에디터로 직장 생활을 시작했다. 냉정하게 생각해 당장 디자이너가 되긴 어려울 것 같았고 그 차선책으로 이와 관련된 일을 하며 현장을 익히고 싶어서였다. 하지만 입사 6개월이 되던 달 동희 씨는 지인의 죽음을 계기로 하던 일을 멈추고 하고 싶은 일을 당장 하기 위해, 그렇게 웰던 프로젝트를 시작했다.

## 여행을 통해 배운 세상 사는 법

첫 번째 웰던 프로젝트가 몇몇 소식지에 소개된 뒤 동희 씨에게 디자인 의뢰가 들어오기 시작했다. 디자인 대학으로 유학을 가고 싶었던 그에게 디자인 일감은 한 줄기 희망이었다. 하지만 경험 부족으로 시간, 감정 등이 소비돼 버리고 학비는 반만 남게 되었다. 그 허탈함에 남은 돈을 챙겨 들고 서른 살 생일이라도 자축하기 위해 인도행을 택했다.

인도는 동희 씨에게 살아 있는 것만으로도 축복이라는 걸 알려 줬다.

「인도는 생동감이 넘치는 나라입니다. 위험한 곳이기도 하고요. 하루에도 사고가 끊이지 않는데, 그 위험이 하루를 마감하며 오늘도 나의 육신이 온전한 것에 감사함을 느끼게 해주더라고요. 45일간 인도의 이곳저곳을 돌아다녔는데 그중 2주를 콜카타에 있는 사랑의 선교회 마더 테레사 하우스에서 봉사 활동을 하며 보냈습니다.」 인도를 다녀온 후 동희 씨는 페이스북에 사진과 함께 여행을 기록했다. 마더 테레사 하우스에서 인연을 맺은 일본인 아케미 나카이 씨와 나가타 준코 씨가 이를 보고 동희 씨에게 자신의 고향인 시가 현에서 사진전을 열자고 제안한다. 인도를 다녀온 후 한동안 어떤 일이든 응낙하며 긍정적 삶을 살기로 한 동희 씨는 시가 현으로 날아가 아주머니가 제공한 논 한가운데에 있는 창고에서 사진전을 열었다. 「정말 이색적인 경험이었어요. 어느 누가 논에 있는 창고에서 사진전을 열어 봤겠어요. 아케미 나카이 아주머니 주변에는 바느질이나 빵을 만드는 기술 등 솜씨 좋고 재밌는 분들이 많았어요. 이분들의 매력에 빠져 허락을 구하고 3개월간 머무르며 몸과 마음을 재충전할 수 있었습니다.」 특히 동희 씨를 초대한 아케미 나카이 씨는 동네에서 음식 솜씨가 좋기로 유명한 분이었다고 한다. 주변 사람들의 성화에 못 이겨 일주일에 한 번 빵을 구워 판매하는데 이를 이미지로 보여 줄 만한 무언가가 필요하다는 아주머니의 말에 동희 씨가 선뜻 손을 들어 로고와 전단지를 만들었다. 밥값이라도 해야겠다는 생각에 도와드린 디자인을 보고 옆 가게 쌀집 아저씨, 앞집 퀼트 공방 주인 등이 동희 씨를 찾아왔다. 뜻밖의 호응에 동희 씨는 다시 한번 디자인에 흥미와 자신감을 가지고 실력을 키웠다.

동희 씨의 여행은 계속됐다. NGO 아시아위민브릿지 두런두런이 네팔 여성의 자립을 지원하는 베이커리 설립 활동에 인턴으로 참여하고, 일본의 커뮤니티 디자인 관련 일을 통역하다가 만난 디자이너를 통해 미국으로 날아가 뉴욕 화장실 커뮤니티 맵핑 사업을 돕기도 하며, 관심 있는 대학교수를 만나기 위해 독일에 갔다 유럽을 떠도는 등 마음이 움직이는 대로, 때론 사람을 따라서 전 세계를 다녔다.「디자인을 좋아해 이와 관련된 일을 하고 싶지만 〈딱 이거다〉라고 고정 짓진 않을 거예요. 그동안 저도 모르게 시간, 나이, 돈 등을 재며 걱정을 했는데 그런 것이 무의미하다는 걸 알았어요. 내가 하고 싶다고 무조건 할 수 있는 게 아니더라고요. 그래도 꾸준히 노력하면 원하는 일과 딱 맞는 건 아니더라도 비슷한 일을 할 수 있는 기회가 오더라고요. 이번엔 잘 안 되려나 하다가도 다른 기회가 또 다른 일을 연결해 주는 식으로요. 나에게는 행운이 남들보다 조금 늦게 찾아오는 거라고 생각하려고요. 이렇게 마음을 다스리며 기다릴 줄 아는 여유를 여행을 통해 배웠어요.」

아시아, 미국, 유럽, 아프리카 등을 다니며 많은 곳을 관광했을 줄 알았는데 사람들과 이야기만 나누다 왔다고 한다. 남녀노소, 어른 아이 가리지 않고 거리나 카페에서 만난 사람들과 대화를 나눈 게 전부라고. 그렇게 그는 학교에서도 배우지 못하는 세상 사는 법을 여행을 통해, 사람을 통해 배우며 인생을 채우고 있다.

# Q&A

웰던 프로젝트를 기획해 동희 씨의 꿈이던 디자이너로서의 활동을
시작했어요. 당시 상황을 자세히 좀 설명해 주세요.

2007년 잡지 『페이퍼』가 주최한 바자회에서 사진을 장당 500원에
판매했는데, 그때 완판한 경험에서 디자이너와 일러스트레이터들의
작품을 엽서로 만드는 아이디어를 얻었습니다. 아마추어가 찍은 사진도
팔리는데 디자이너가 제대로 만든 물건이라면 더 좋은 값에 팔 수 있을
거라 생각했죠. 『CA』에서 알게 된 디자이너들과 모여 아프리카에 우물을
하나 만들자는 목표를 세우고, 판매할 텀블러에 넣을 그림과 패턴을
디자인했어요. 웰던 프로젝트는 우물을 뜻하는 〈Well〉과 잘했다는 의미의
〈Well done〉을 합친 말입니다.

생계형 프리랜서의 삶이 불안하진 않나요?

신기하게도 다음 달에는 어떻게 생활해야 할지 걱정하고 있으면 먹고살
만큼의 일거리가 들어오더라고요. 친구들의 결혼 소식이나 임신, 취업
등에 관한 이야기를 들을 때면 저도 모르게 나이를 의식하며 비교했는데
그런 걱정을 놓은 후부터 불안하지 않아요. 너무 먼 훗날까지 계획하면
일이 꼬일 때 스트레스를 받는 것 같아요. 그래서 저는 3개월, 6개월
단위로 짧게 계획을 세우는 편이에요.

혼자서 일을 하다 보니 실수도 많고 피해를 입은 적도 있다고 했어요.
회사에 들어가 조직 생활을 경험해 볼 생각은 없었나요?

대학교 때는 취업 생각을 여러 번 했어요. 번역도 하고 디자인도 하다
어중간한 사람이 되는 건 아닌가라는 걱정도 했고요. 좋은 직장에
들어간 친구가 집을 장만했다며 제가 걱정되는지 왜 이렇게 사냐고
다그치더라고요. 그럴 때마다 나는 왜 이럴까, 한참을 생각해 보지만

이게 그냥 저인걸요. 사람이 사는 모습은 다양한 거라고 생각하며 마음을 다스립니다.

동희 씨가 바라는 디자이너의 모습이 궁금해요.

지금은 찾아 가는 중인데, 빗자루 하나를 만들더라도 정말 잘 만들고 싶어요. 한 예로 일본의 사회적 기업가 야마구치 에리코가 설립한 가방 브랜드 마더 하우스가 있어요. 방글라데시에서 가방, 액세서리 등을 생산하고 일본, 대만 등에서 판매하는 브랜드예요. 값싼 노동력을 이용하기 위해 방글라데시에서 생산하는 게 아니라 개발 도상국만의 경쟁력을 보여 줄 수 있는 방법을 모색하다 방글라데시의 친환경 소재인 주트(마 소재의 일종)를 사용해 만들어요. 측은지심으로 제품 구매를 유도하는 게 아니라 품질이 좋아서 갖고 싶게 만드는 브랜드죠.

그림 산수책 프로젝트를 보면 어린이 교육에도 관심이 많은 것 같아요.

이 책을 계기로 아이들에게 아프리카에 대한 이야기를 해줄 기회가 많았어요. 아이들과 대화하다 자연스럽게 어린이 교육에도 관심이 생겼는데 한국 교육 프로그램의 문제점을 발견하게 되었죠. 빠르게 변화하는 시대에 맞춰 환경에 유동적으로 대응할 수 있는 방법을 가르쳐야 하는데 국내 교육 환경은 그렇지 못한 것 같아요. 물고기를 잡아 주는 게 아니라 잡는 방법을 가르쳐야 한다는 말이 있잖아요. 옥스퍼드 대학의 칼 프레이 교수와 마이클 오스번 교수가 했던 말 중에 인상 깊은 구절이 있어요. 〈세상은 너무나 빠르게 변화하는데 우리는 나온 지 수 년은 된 교과서로 아이들을 가르치고 있다. 아이들에게 예측 불가능한 위기가 찾아오더라도 이를 헤쳐 나갈 수 있는 힘을 길러 줘야 한다.〉 이러한 변화 속에 우리 아이들이 어떤 능력을 갖춰야 할지 선생님부터 교육되어야 한다고 생각해요.

영향을 받은 책이나 인물, 영화가 있나요?

일본의 사진작가 호시노 미치오의 삶을 보고 많은 영향을 받았어요.
특히 대학교 때 그분이 쓴 알래스카에 대한 이야기와 사진집을 보고
돈이 모이는 대로 여행을 다니곤 했죠. 호시노 미치오는 헌책방에서
발견한 알래스카 사진집을 보고 반해서 대학을 졸업하고 그곳에서 20년
정도 살며 사진을 찍었어요. 1970년대 원주민이 살던 알래스카에 석유
매장지가 발견되면서 변화하는 인간의 삶에 대한 이야기를 글과 사진으로
남겼는데 평온한 풍경 뒤에 담긴 어두운 이야기가 참 쓸쓸하더라고요.
불곰에게 습격당해 43세에 세상을 떠나 안타까워요.

가장 소중히 여기는 가치 또는 행복의 기준이 있다면?

웰던 프로젝트를 비롯한 여러 일들이 저 혼자 할 수 있는 일이 아니에요.
함께한 사람들의 시간과 노동을 헛되게 하지 않을 때 행복하고 보람을
느껴요. 이를 통해 만난 사람들도 소중하고요. 〈상생〉이 중요하다고
생각하거든요. 나뿐만이 아닌, 다른 사람도 함께 잘 먹고 잘 살 수 있는
길을 찾기 위해 오랫동안 방황해 온 것 같습니다.

동희 씨의 최종 정착지가 궁금하네요.

태국 카렌족 마을에 살면서 핸드메이드 텍스타일을 직접 만들어 보기도
하고, 남아공 웨스턴케이프주의 교육부(WCED)에서 아이디어를 얻어
이와 관련된 일을 진행해 보기도 했어요. 결국 비용 문제로 무산되기는
했지만 이 경험을 통해 삶의 질을 디자인하는 일에 관심을 갖게
되었습니다. 디자이너보다는 다양한 분야의 사람들이 필요로 하는 것을
연결해 해결책을 찾는 것이 적성에 더 잘 맞는다는 것을 알게 되었어요.
이제는 그래픽 디자인에 연연하지 않고, 사람들의 삶을 즐겁게 만드는
서비스나 시스템을 만드는 것도 디자인의 일종이라고 생각하기로

했습니다. 프리랜서로 활동할지, 조직에 들어갈지 앞으로도 알 수 없지만 이 또한 유연하게 생각하려고 합니다.

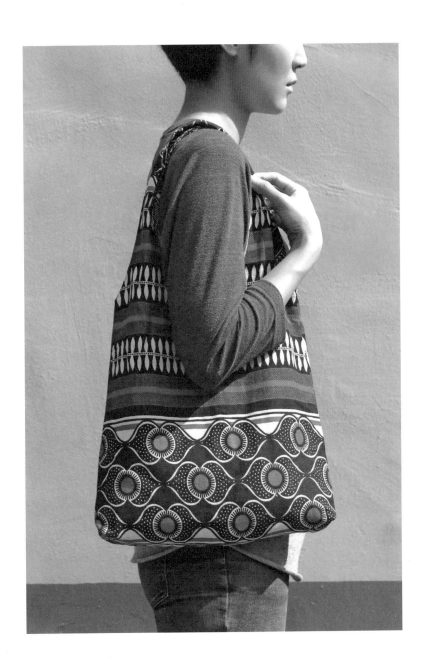

일본에서 인연을 맺은 퀼트 솜씨 좋은 지인과 함께 만든 패브릭 제품들.

여행을 통해 삶의 지혜를 얻는 동희 씨의 작업실 한편.

WALLs
Kyoto 2009 + Shiga 2012,
West Japan

개발 도상국 아이들을 위해 만든 산수책.

2010년 텀블러와 엽서를 팔아 모은 돈으로 아프리카 DR콩고에 식수 저장고를 설치했다.

동희 씨가 디자이너로 참여한 아이쿱 생협의 식품 완전 표시제 프로젝트.

웰던 프로젝트의 일환으로 동명의 뮤지션 조동희 씨와 함께 만든 『검은 아이』의 음반과 동화책.
수익은 모두 산수책 제작에 사용된다.

$\frac{1}{4}$

프리랜서 디자이너 듀오

박철희, 박지성

누구나 취미 삼아 좋아하는 것을 하면서 돈을 벌고 싶어 한다. 회사에 다닐 때 이런 생각을 한 적이 있다. 만약 저녁이 보장된 삶이라면 투잡을 해보고 싶다고. 작업실을 하나 구해서 내가 좋아하는 일을 하며 취향 비슷한 사람끼리 모여 작당 모의라도 할 수 있다면 직장 생활을 좀 더 즐겁게 할 수 있을 것 같았다. 회사에서 소모된 감정과 인력을 취미 삼아 하는 일을 통해 충족시키고 싶었다. 어떻게 하면 재밌고 만족감을 채우며 지치지 않고 일을 할 수 있을까에 대한 고민은 직장 생활 내내 했던 고민이었고, 앞으로도 할 것 같다. 이런 고민은 나만 하는 것일까? 나의 노력이 부족했던 걸까? 주체적인 삶에 대한 롤 모델을 찾고 있을 때 일을 취미처럼, 취미를 일로 발전시키며 사는 디자이너 박철희 씨와 박지성 씨를 알게 됐다. 클라이언트로부터 일을 받아 움직이는 여느 디자인 스튜디오의 개념에서 벗어나 자신이 하고 싶은 일과 만족할 수 있는 일을 하며 사는 이들의 방법을 알고 싶었다.

박철희(왼쪽) 1988년생. 국민대학교에서 시각 디자인을 공부하고 졸업 후 동 대학의 행정 조교로 2년간 일하며 햇빛서점을 준비했다. 국내 최초 LGBT 전문 서점이라는 타이틀과 함께 퀴어 퍼레이드에서 선보인 일명 똥꼬 부채로 주목을 받았다. 졸업 작품으로 선보인 한글 타이포그래퍼를 보고 온 클라이언트들이 이후 서울국제실험영화제의 아이덴티티와 포스터, 「서울바벨」 전시 아이덴티티 디자인 등을 맡기면서 일을 시작했다. 서점 주인 겸 프리랜서 디자이너로서의 삶의 균형을 맞추며 일하고 있다.

박지성(오른쪽) 1987년생. 국민대학교 시각 디자인학과를 졸업했다. 광고, 사진 등에 관심이 많아 동아리 활동에 적극적이었던 그는 학창 시절 대기업이 주최하는 광고 공모전 대상, 싱가포르 광고제 스파이크스 아시아 영 크리에이티브 아카데미를 수료하기도 했다. 재미와 수익, 두 마리의 토끼를 한 번에 잡는 재주가 뛰어나다. 플리마켓으로 시작한 과자전을 페스티벌로, 재미로 시작한 배지 디자인을 유명 행사와 협업하는 브랜드로 성장시켰다.

## 사람을 모이게 하는 방법

〈햇빛스튜디오〉라는 이름으로 디자인 스튜디오를 공동 운영하는 지성 씨와 철희 씨는 국민대 시각디자인학과 동기다. 그래픽 디자인이 본업인 이들을 알게 된 건 취미처럼 재미 삼아 벌인 일들이 화제가 되면서부터다. 철희 씨는 서울 용산구 보광동 우사단길에서 국내 유일의 LGBT 전문 서점인 〈햇빛서점〉을 운영하고 지성 씨는 디저트 페스티벌 〈과자전〉을 기획, 디자인한다. 과자전을 계기로 남다른 애정을 갖게 된 배지를 가지고 〈후룻샵〉이라는 브랜드를 론칭하기도 했다.

2015년 9월에 문을 연 햇빛서점은 국내에서는 찾아보기 어려운 콘텐츠를 모은 서점이라는 점이 독특했다. 소규모 책방, 동네 책방, 독립 서점 등을 표방하며 개성 있는 작은 서점들이 여럿 있긴 하지만 그 형태만 다를 뿐, 대형 서점에서는 잘 취급하지 않는 독립 출판물을 다룬다는 점 말고는 특별한 매력을 찾지 못했다. 이때 LGBT라는 기존 책방에서는 찾아볼 수 없는 콘텐츠를 들고 나타난 햇빛서점은 존재 자체만으로도 화제였다. 특히 서점 오픈을 알리며 서울퀴어문화축제에서 나눠 준 일명 똥꼬 부채가 주목을 받았다. 플라스틱 원형에 알몸의 남성이 그려진 부채인데, 성기 부분에 위치한 동그란 모양의 500원 할인 쿠폰을 절취선을 따라 도려내면 손가락을 걸 수 있는 손잡이 겸 남성의 성기를 연상케 하는 도발적인 콘셉트로 이목을 집중시켰다.

햇빛서점의 주인이자 그래픽 디자이너 박철희 씨는 밝고 재밌게 사는 게이의 삶을 보여 주고자 햇빛 서점을 오픈했다. 「지금껏 미디어에서는 성적 소수자를 세상의 편견에 맞서고 힘들어하며 우울해하는 사람으로 묘사하곤 했어요. 스스로 게이임을 자각하기까지 오랜 시간이 걸리긴 했지만 전 전혀 힘들거나 우울해 본 적이 없거든요. 친구들도 절 남과 다르게 여기지 않았고요. 성적 소수자로서 밝고 재밌게 생활하고 싶은데, 게이가 마음 편히 놀 수 있는 곳이 음지에만 있는 것 같았어요. 낮에도 떳떳하게 모이고 문화를 향유할 수 있는 곳을 마련하고 싶어서 서점을 준비했습니다.」 대학 졸업 후 프리랜서 디자이너의 길을 선택한 철희 씨는 대학원에서 행정 조교로 일하며 돈을 모아 지금의 서점 자리를 구했다. 문학, 잡지 등에 관심이 많아 서점을 준비했을 거라고 생각했는데 철희 씨는 그래픽 디자이너로서 자체 프로젝트를 만들기에 서점만한 곳이 없다고 말한다. 공간에 필요한 간판, 앞으로 서점에서 열릴 여러 행사의 포스터와 리플릿 등을 디자인할 수 있는 데다 책도 직접 출판하고 판매할 수 있기 때문이다. 그리고 콘텐츠가 모이는 장소로서 서점의 기능도 염두에 두었다. 대형 서점의 각 코너에도 관심 분야가 비슷하거나 비슷한 직업, 연령대가 모이듯 LGBT라는 콘텐츠를 한곳에 모으면 자연스럽게 이와 관련된 사람들이 모이고 스스럼없이 만날 수 있을 거라는 기대가 있었다.

철희 씨의 예상이 어느 정도 맞아떨어졌다. 서점에서 인터뷰를
진행하는 동안 이곳을 찾는 사람들의 반응은 다양했다. 다정하게
들어와 책을 살펴보는 동성 커플, LGBT 문화에 관심 많은 젊은이,
당당하게 자위 기구를 찾는 여성(서점 한쪽에는 몇 가지의 물건도
판매하는데 그중 여성을 위한 자위 기구는 오픈 2주 만에 동이
났다고 한다) 등이 찾아왔다. 반면 서점 외관에 LGBT 전문
서점이라는 별다른 표시가 없어 동네 서점인가 하고 무심코 들어온
사람은 생각지도 못한 내용의 책을 보며 당황해 하기도 했다.

철희 씨의 추천 책과 서점에 비치된 책들을 살펴보다가 다소
성적으로 자극적인 표현의 책들이 많다는 걸 느꼈다. 이에 대해 그는
LGBT 문화 중 유독 성적인 부분에서는 비난과 억압을 받는데, 이에
대한 저항으로 과감하게 표현된 책들이 많이 출판되는 것 같다고
한다. 그렇다 보니 햇빛서점의 책도 지금의 구성을 갖추었다고.
우리가 쉽게 접하는 광고나 TV 방송 등의 대중 매체에서는 주로
이성애 중심의 이야기들뿐이다. 그러니 동성 간의 애정 표현이나
이야기를 접할 때면 어색하기도 하고 무엇이 올바른 정보인지
가늠하기 어렵다. 양지 문화라는 느낌을 주고자 서점의 이름을
햇빛이라고 지은 것처럼 앞으로 햇빛서점이 성적 소수자들의
목소리를 모으고 LGBT 문화가 더 많은 사람에게 바르게 전달되도록
가교 역할을 해주면 좋을 것 같다.

## 취미로 수익을 내는 방법

6평 남짓한 햇빛서점 안에는 두 개의 책상과 수납장, 아이맥 두 대를 갖춘 동명의 스튜디오가 있다. 2평 정도 되는 공간은 지성 씨와 공유하는 자리인 햇빛스튜디오다. 스튜디오와 서점의 경계 없이 개방된 공간인 데다 낮에는 서점을 찾는 손님들로 산만할 법한 자리인데 이곳에서 지성 씨는 사소한 듯, 범상치 않은 일을 기획하고 디자인한다. 그 일 중 하나가 과자전이다. 과자전 또한 햇빛서점처럼 국내에서는 유일무이한 콘텐츠를 지닌 행사다. 그는 디자인 스튜디오 겸 위탁 판매 가게를 하는 그룹 워크스의 제3의 멤버로 활동하며 과자전을 디렉팅하고 있다. 과자전은 2012년 워크스가 먼저 다섯 명의 베이킹 관련 소상공인들의 과자와 관련 제품을 판매하며 디저트 플리마켓으로 시작했다. 지성 씨는 과자전이 시작한 그해 겨울 군 복무를 마치고 돌아와 과자전 3회부터 합류했다. 이때부터 과자전은 워크스 공간에서 벗어나 자리를 옮기며 점차 규모를 확장했고 유명세를 타기 시작했다. 서교동 예술실험센터, 사회적 경제지원센터, 성수동 카페 자그마치 등으로 자리를 옮기며 입소문과 함께 SNS를 통해 인기도 많아졌다. 언제부터인가 과자전을 보려면 대기 한 시간은 기본, 겨우 입장했어도 인기 베이커리는 동나서 빈손으로 돌아왔다는 후기가 이어졌다. 다섯 팀으로 소박하게 시작한 플리마켓이 100여 팀이 참가하는 규모 있는 페스티벌로, 소수 마니아들이 찾던 행사가 가족 단위의 관람객도 찾는 대중 행사로 진화한 것이다. 2015년에는 서울과자올림픽이라는 타이틀을 붙이고 잠실 종합운동장 보조경기장으로 장소를 옮겨 입장 티켓을

판매하기 시작했는데, 예매분 15,000장이 금세 매진돼 1,000장을
추가 판매하며 그 인기를 실감했다. 하지만 급격하게 팽창해 버린
규모에 비해 준비가 조금 미흡했다. 티켓 창구에서의 혼선을 비롯해
복잡하게 꼬여 버린 동선, 부족한 재고량 등의 미숙한 운영으로
관람객들의 원성을 사며 이 또한 SNS에 삽시간에 퍼졌다. 이에 대해
거듭 공식 사과문을 올리고 입장료를 환불해 주며 자숙의 시간을
가져야 하던 때도 있었지만 잘못된 점은 빠르게 인정하고 재정비하며
지금은 지성 씨와 워크스의 중요한 사업 중 하나로 성장했다.

과자전이 단순히 예쁘고 재밌는 디저트를 모아 판매만 하는
행사였다면 아마도 지금처럼 성공할 순 없었을 것 같다. 지성 씨의
재기 발랄한 아이디어와 콘셉트가 돋보이는 포스터, 연계 행사, 티저
이미지, 영상, 굿즈 등이 있었기에 팬덤이 형성된 것이다. 쿠키를
의인화해 만든 캐릭터들은 한껏 귀여움을 뽐내며 지갑을 열게
만든다. 지성 씨는 과자전을 위한 캐릭터 디자인과 굿즈 상품을
만들다 특히 배지에 빠졌다. 심심해 보이는 가방이나 옷에 포인트로
장식할 수 있는 배지는 매년 행사 콘셉트에 따라 아기자기하고
귀여운 시리즈를 선보이며 수집 욕구를 자극한다. 〈작고 귀여운
물건을 모아 파는 숍을 하고 싶다〉는 지성 씨는 그 시작으로 배지를
택했다. 후릇샵이라는 배지 전문 브랜드를 내고 2016년 여름과 가을
두 번의 팝업 전시를 열며 론칭에 성공했다. 오디너리 피플, 김가든
등 50여 팀의 동료 디자이너들이 제작한 배지까지 입고해 200개가
넘는 제품을 선보였는데 과자전을 좋아하던 사람들이 자연스럽게

후룻샵에 관심을 보이며 긍정적인 시작을 알렸다. 다양한 디자인
상품을 소개하는 온라인 숍에도 소개되고 레코드페어와 나이키
에어맥스 30주년 기념을 위한 컬래버레이션 디자이너로 참여해 직접
디자인한 배지를 선보이는 기회를 얻기도 했다. 아직은 돈을 목적에
두기보다 자아를 충족시킬 수 있는 디자인 작업에 집중하고 싶다는
지성 씨. 스스로 진짜 원하는 것이 무엇인지 알고 실천하는 것,
그리고 깊이 빠지고 즐기는 것은 생각보다 쉬운 일이 아니지만 그는
과자전과 후룻샵을 통해 해내고 있다.


## 일거양득을 얻는 방법

지성 씨와 철희 씨의 인연은 대학 생활 첫날부터 시작됐다. 기숙사
생활을 함께하며 공부하고 싶어 하는 것도 비슷하고 마음도 잘
맞는다는 걸 알게 됐다. 졸업 후 함께 스튜디오를 하자는 진담 반
농담 반의 말도 종종 오갔다. 스스로의 자존감과 감각을 고수하며
소규모 스튜디오로 살아남기 위해서는 결국 서로 의지하고
밀어주는 동료가 중요한데, 이런 의미에서 철희 씨와 지성 씨는 잘
맞는 짝꿍이었다. 스튜디오를 오픈하기 전 철희 씨는 유명 디자인
스튜디오에서 3개월간 인턴을 했다. 비록 짧은 경험이었지만 직접
스튜디오를 운영해야겠다는 확신을 갖게 한 계기였다. 디자이너는
프로젝트를 이끄는 한 사람이 아닌 그저 오퍼레이터 같은 역할을
하는 것 같아 회의감만 들었다. 지성 씨는 학교생활 내내 진로에
대한 고민이 많았다. 밤새 과제를 하고 다큐멘터리 사진 동아리
활동을 하며 광고 공모전 대상도 수상했다. 휴학을 하고 스타트업과

애플리케이션 개발 디자인 스튜디오에서 일도 해봤다. 장학금을
받아야만 학교를 다닐 수 있었기에 한때는 연봉 높은 회사에 취직할
생각을 하기도 했지만 결국 자기 주도적으로 일하고 자유롭게 시간
분배가 가능한 프리랜서 디자이너가 더 잘 맞겠다는 결정을 내렸다.
그리고 철희 씨에게 함께 스튜디오를 하자고 제안했다. 「혼자서
하기보다 누군가와 함께하면 책임감이 생기잖아요. 당연히 디자인을
잘하는 친구가 파트너이길 바랐고 무언가를 배울 수 있는 사람이면
좋겠다 생각했는데, 제 가시권에서는 철희밖에 없었어요. 햇빛이라는
의미도 좋아서 서점의 이름을 그대로 스튜디오 이름으로 하자고
했습니다.」 지성 씨의 제안에 철희 씨는 마다할 이유가 없었다.
자신보다 이성적인 판단을 잘하는 친구가 옆에 있는 것이 든든했고
서점을 하기 위해 일단 공간을 구하긴 했지만 혼자 감당하기엔 조금
부담스러운 터였다.

그렇게 햇빛스튜디오라는 이름으로 공동 대표를 맡고 공간을
공유하는 그들은 사실 이름과 공간만 공유하고 각개 전투로 일을
하는 프리랜서 디자이너라고 하는 게 더 정확한 표현이겠다.
스튜디오의 형태를 취해 포트폴리오를 하나의 이름으로 공유하면
혼자 일하는 것보다 더 많은 기회를 얻을 수 있다는 걸 알고 있었다.
프로젝트에 따라 잘할 수 있는 사람이 도맡아 하거나 서로에게 일을
넘겨주기도 하고 개인적으로 들어온 일이더라도 함께하는 게 더
효과적이라면 공동 프로젝트로 만들어 일을 한다. 예를 들어 철희
씨가 서울시립미술관의 제안으로 「서울바벨」 전시에 햇빛서점을

소개하는 작가로 참가했다면 홍대 플랫폼 플레이스에서 전시

제안이 들어왔을 때는 지성 씨가 평소 하고 싶었던 배지 디자인을

프로젝트로 만들어 선보였다. LGBT 서점, 과자전, 배지 등의 독특한

활동을 하는 두 대표의 이야기를 듣고자 햇빛스튜디오라는 이름으로

종종 강연 요청이 들어오기도 한다. 각자에게 들어오는 좋은

기회들을 주거니 받거니, 서로에게 영양분을 제공하며 성장을 돕는

이들이야말로 서로의 빛이 되어 주는 진정한 동료 아닐까.

# Q&A

그래픽 디자인을 전공하게 된 계기가 궁금합니다.

지성 어릴 적 MTV의 뮤직비디오에서 본 멋있는 영상과 컴퓨터 그래픽의
영향을 많이 받았어요. 화려한 비주얼과 기발한 아이디어를 보며
디자이너의 꿈을 갖게 되었습니다.
철희 평소 낙서하고 그림 그리기를 좋아했어요. 미대에 가야겠다는
생각에 고등학교 2학년 때부터 입시 미술을 시작했습니다. 그림도 그릴
수 있고, 순수 미술보다는 취업이 수월할 것 같은 디자인과를 선택했어요.
그것이 그래픽 디자인과였고요.

이태원 근처에 자리 잡게 된 특별한 이유가 있나요?

철희 다양한 문화에 개방적이고 LGBT 문화가 활발한 동네가
이태원이에요. 스튜디오보다 서점 자리를 먼저 고려했던 거라 이태원
근처로 알아봤어요. 가능하다면 좀 더 넓은 공간을 구하고 싶어요.
사람들이 앉아서 쉬었다 갈 수 있는 자리를 마련해 책도 함께 읽고 모임도
할 수 있는 복합 문화 공간으로 성장하고 싶습니다.

철희 씨는 디자이너인 데다 서점도 운영해 출판에 대한 관심이 남다를 것
같아요.

철희 요즘 관심 있는 것 중 하나가 드래그 퀸(옷차림, 행동을 통해
여성성을 과장되게 연기하는 것)이에요. 국내 드래그 퀸의 문화,
그들만의 언어, 대표 드래그 퀸의 화보 촬영 등을 모아 인터뷰집을
만들어 보고 싶어요. 저도 직접 드래그 퀸에 도전하고 있는데, 6월에
열리는 퀴어문화축제에 맞춰 친구들과 드래그 퀸으로 분장하려고 〈복장
워크숍〉을 진행하고 있습니다.

햇빛스튜디오를 처음 접했을 때 사실 철희 씨와 지성 씨가 연인인 줄 알았어요. 혹시 이와 관련한 에피소드가 있나요?

지성 햇빛스튜디오를 소개하는 어떤 전시 소개 글에 저희를 교제하는 사이라고 해서 오해를 산 적이 있었죠. 교제라는 단어가 사람끼리 가까이 지낸다는 뜻인데 많은 사람이 남녀 간의 데이트를 먼저 떠올리는 것 같아요. 너를 안 지 오래됐는데 왜 자기에게 말을 안 했냐며 친구들이 서운하다고.(웃음)

디자인에 대한 서로의 장단점을 얘기한다면?

지성 저는 프로젝트에 따라 시간과 돈 등의 현실적인 부분을 따지며 합의점을 찾고 디자인을 하는 편인데 철희는 트렌드에 연연하지 않고 자기 내면의 것을 끌어올리는 예술가 같은 타입이에요. 표현도 즉각적이면서 솔직해요. 자칫 촌스러울 법한 것도 과감하게 사용할 줄 아는 디자이너죠. 예를 들어 〈사랑〉이라는 단어를 이미지로 표현한다면 과감하게 핑크색 하트를 그리는 걸 주저하지 않아요. 보통 디자이너들은 그것이 일차원적이고 촌스러워 보일 것 같아 피하려는데 철희는 그런 것마저 세련되게 풀어내요.

철희 지성이 형은 현실 감각이 뛰어나요. 처음부터 끝까지 기획하고 세부 조율을 해나가는 능력이 있어요. 예를 들어 연관성, 연속체 등을 고민해야 하는 책 같은 편집 디자인을 잘해요. 아이디어도 좋고요. 똥꼬 부채 아이디어는 지성이 형이 준 거예요. 반면 저는 한 장으로 강렬한 인상을 남겨야 하는 포스터 디자인에 강하죠. 이런 부분에서 서로가 부족한 점을 채워 주는 것 같아요.

이상적으로 삼고 있는 디자이너가 있나요?

철희 그래픽 디자이너 듀오인 〈슬기와 민〉, 〈신신〉을 좋아합니다. 그들의 디자인을 보면 제 디자인이 조잡해 보이기도 하고 스스로를 채찍질하게 만들어요. 좋아하는 것을 꾸준히 하기 위해 돈을 잘 버는 디자인 스튜디오가 되고 싶은데 유명하다고 돈을 잘 버는 건 아닌 것 같고…….

지성 수입이 생기는 취미 생활을 하면서 자아를 충족할 수 있는 디자인을 할 수 있는 지금의 상태를 유지하면 좋겠어요. 괜히 멋 부리는 말처럼 들릴지 모르겠지만 돈이 목적은 아니에요.

철희 씨의 말처럼 좋아하는 것을 꾸준히 하려면 돈도 중요한 몫을 차지할 것 같은데요.

지성 돈에 대한 생각은 몇 년 사이에 정리가 됐어요. 제가 한때는 대기업을 희망한 적이 있긴 하지만 학년이 올라갈수록 그 모습은 제가 아니라는 확신이 들었어요. 돈이 부족한 상태였기 때문에 꼭 장학금을 받아야 학교에 다닐 수 있었고 대학 생활 동안 형편이 좋지 않아 그저 잠시 돈에 한이 맺혔던 것 같아요. 여유가 생기면서 제 자신에 대해 곰곰이 생각해 보니 돈에 그리 욕심이 있지 않더라고요. 스스로 결과물에 만족하는 일을 하며 사는 것이 더 중요해요.

직업인으로서 디자이너는 어떤가요?

철희 한동안 회의감이 들었어요. 디자이너는 프로젝트의 주도권을 가지고 디렉터로서 좋은 해결책을 제시해 주는 사람이라고 생각하거든요. 의사가 좋은 처방을 내리듯이 그렇게요. 아직 제가 디렉터로서의 자질을 갖추지 못한 건 아닌가 하는 생각도 들고요. 일을 하면서 계속 소모되는 느낌을 받았는데 햇빛서점을 하면서 삶의 만족감을 채워 나가고 있어요.

지성 다른 일을 안 해봐서 잘 모르겠어요. 저는 꼭 디자이너가 아니어도 괜찮을 것 같아요. 사진가를 꿈꾼 적도 있거든요. 그래서 학교 다닐 때 다큐멘터리 사진 동아리 활동도 열심히 했어요. 사진가는 다른 분야의

사람도 많이 만나고 색다른 환경, 새로운 환경을 자주 접하면서 자극을
많이 받을 것 같아요.

지금처럼 소규모로 운영되는 햇빛스튜디오의 모습을 10년 뒤에도 만나 볼
수 있을까요?

지성 스튜디오 활동을 하면서 현재의 생활이 만족스럽고 배움에 대한
갈증이 사라진다면 계속 이어 가겠지만 유학을 염두에 두고 있긴 합니다.
유명 학교에 다니는 사람들은 무얼 공부하는지도 궁금하고 해외에서
프로젝트도 해보고 싶어요. 기회가 된다면 대학교수도 하고 싶어요.
가르치는 것에 관심이 많거든요.
철희 한때는 디자인을 학문적으로 접근하는 것에 관심이 많았어요.
유명한 디자이너가 되어서 디자인 역사책에 이름을 남기는 것이 목표였죠.
저는 꿈을 크게 갖는 편이거든요.(웃음) 근데 요즘에는 돈을 많이 벌어
행복하게 사는 게 꿈이에요. 그 모습이 스튜디오의 형태가 될 수도 있고
다른 형태의 창작 공간이 될 수도 있을 것 같아요.

서울 시립 미술관 「서울바벨」의 전시 및 포스터 디자인.

2015년 서울퀴어문화축제에서 햇빛서점 홍보용으로 나눠준 일명 똥꼬 부채.

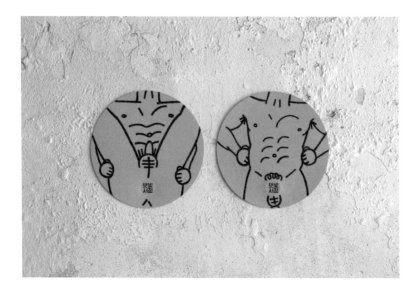

낱말 카드처럼 만든 햇빛스튜디오의 포트폴리오 북.

쿠키를 의인화해 만든 캐릭터 배지.

인터뷰를 진행하는 동안 쉼 없이 낙서를 하던 철회 씨의 흔적.

친구들에게 선물로 받은 선인장.

# 15

청년 운동가

신지예

사람마다 직업을 선택하는 기준은 다르다. 집안 환경에 의해, 유망 직종이니까, 할 수 있는 일이라서, 돈을 많이 버니까 등 이유는 다양하다. 개인적으로 〈좋아서 지금의 일을 선택했다〉는 경우가 가장 이상적이라고 생각한다. 하지만 그 이상적 선택이 정답이 아닐 때도 있다. 잘했다고 해온 일이 어느 날 문득 아니라고 생각됐을 때 앞이 캄캄하다. 홍역을 앓듯 누구나 경험하는 일이며 자연스럽게 아물 것이라는 위로의 말도 들리지 않는다. 이럴 때 답을 어디에서 구해야 할지 방법을 찾다 발견한 곳이 신지예 씨가 운영하는 〈오늘공작소〉다. 10대에서 40대까지 다양한 연령대가 모여 스스로 일감을 만들고 돈을 벌며 오늘의 행복에 집중하는 곳. 그 방법을 알고 싶어 지예 씨를 찾았다.

신지예  1990년생. 고등학교 진학 대신 하자작업장학교를 선택해 대안 교육을 받은 뒤 2008년부터 2013년까지 사회적 기업 〈이야기꾼의 책공연〉에서 창립 멤버로 일했다. 퇴사 후 독서 모임을 하면서 후지무라 야스유키의 책 『3만엔 비즈니스, 적게 일하고 더 행복하기』(북센스)에서 아이디어를 얻어 오늘공작소를 설립했다. 오늘의 행복에 집중하며 꿈을 꾸는 청년들을 위한 소셜 플랫폼 역할을 하고 있다. 1인 가구 반찬 만들기, 망원동 축제, 자전거 제작 워크숍, 부흥 주택 프로젝트 등 함께 일거리를 만들고 수익을 창출할 수 있는 일을 실험하고 있다. 2016년 녹색당 정책 대변인으로 임명됐으며 청년 정책 위원회 주거분과 위원장으로도 활동한다.

## 살아가는 데 얼마가 필요할까?

프리랜서로 일하면 간혹 월급보다 수입이 좋을 때가 있다. 집에서든 카페에서든 원하는 시간대에 일을 할 수 있는 것이 프리랜서 직업의 매력이지만 경우에 따라 직장을 다니는 것보다 스트레스가 더할 때도 있다. 이럴 때면 돈 욕심을 조금 버리고 업무량이 어느 정도일 때 일이 즐거운지를 따진다. 연령, 결혼 또는 자녀의 유무에 따라 상황은 다르지만 개인적으로 적당히 즐기며 일을 하자니 한 달 생활비를 벌기에는 버겁다. 통장 잔고를 확인하고 계산기를 두들겨 봐도 답이 없다고 생각하던 중에 오늘공작소의 〈50만 원 비즈니스〉가 눈에 들어왔다. 50만 원 비즈니스는 일본 니혼대학교 교수이자 발명가 후지무라 야스유키가 지은 책 『3만엔 비즈니스, 적게 일하고 더 행복하기』에서 아이디어를 얻어 한국식으로 변형한 프로젝트다. 청년들이 스스로 일감을 만들고 일상의 행복을 찾자는 의지에서 시작했다. 50만 원은 통신비, 교통비, 식비 등의 항목을 모두 포함한 금액이다. 얼마 전 집으로 날아온 온갖 고지서와 명세서를 살펴보며 남편에게 〈우린 가만히 앉아서 숨만 쉬어도 한 달에 50만 원이 나가는구나〉라며 한숨을 쉬게 했던 그 50만 원 말이다. 근데 정말 50만 원으로 생활이 가능할까? 이에 지예 씨가 말하길, 사실 자본주의 사회에서 쉽지 않은 방법이라고는 한다. 다만 여기서 중요한 건 적게 버는 게 아니라 자신만의 시간을 많이 갖는 게 포인트라는 것이다. 「한국의 20~30대에게 주어진 삶은 대학 졸업 후 빨리 취업하고 결혼하고 아이를 갖고 집도 있어야 한다고 재촉해요. 기성세대가 정한 순리에 맞춰 살려면 많은 돈이 필요하고 돈을 많이 벌려면 개인의 시간을 죽이며 살아야 해요. 이렇게 해서 성공할 수 있었던 때도 1980~1990년대에나 가능했어요. 많은 것을 포기하며 사는 지금 세대에게 이러한 방법이 과연 통할까요? 열심히 일해도 안정된 노후를 보장받을 수 없는 시대잖아요. 그렇다면 차라리 후지무라 교수의 말대로 적게 벌고 남는 시간을 동료들과 놀며 쉬며 공부하며 개인의 행복에 집중하는 삶을 선택하는 게 더 현명하다고 생각했어요.」 불확실한 미래를 위해 현재를 죽이며 내일을 살기보다 적당히 벌어도 꿈을 가지고 인생을 즐기며 살자는 말이다. 그래서 지예 씨가 이끄는 단체의 이름이 오늘을 행복하게 만들자는 의미인 오늘공작소이기도 하다.

## 무엇을 할 수 있을까?

오늘공작소에는 지예 씨를 필두로 건축가, 디자이너, 무용가, 번역가 등 다양한 직업과 연령대가 함께한다. 이들이 50만 원을 버는 방법도 가지각색이다. 지예 씨는 어린이 교육 수업을 통해 한 달에 80~90만 원을 번다. 요리를 잘하는 친구는 오늘공작소의 코워킹 스페이스 〈이글루 망원〉에서 점심에만 운영하는 식당을 열거나 망원 시장 정육점에서 저녁에만 문을 여는 닭 강정 가게를 운영한다. 마을 문화 기획에 관심 있는 친구는 망원동을 무대로 축제를 열어 수익 사업을

모색하기도 한다. 꼭 한 가지 일만 할 필요도 없고 50만 원 이상을
벌어도 반칙은 아니다. 50만 원 비즈니스가 성공하려면 한 번에 돈을
많이 버는 것보다 지출을 줄이는 방법을 찾고 서로 돕는 게 성공
노하우라고 한다. 예를 들어 지예 씨는 요리하는 친구의 심부름을
통해 밥값을 대신해 식대를 줄인다. 한 가지 일감에서 50만 원 이상의
수익이 나면 되도록 동료와 일감을 나누려고 한다. 이글루 망원
근처에 있는 오래된 공공 주택을 활용한 〈부흥 주택 프로젝트〉는
청년의 주거 문제를 해결하면서 공동의 일거리를 만들기 위해 시작한
일이다. 부흥 주택 프로젝트는 기댈 수 있는 동료를 만들고 함께할 수
있는 터전을 갖자는 지예 씨의 궁극적 목표이기도 하다. 「요즘 학교를
졸업하고 자립할 나이가 되었는데도 부모에게 경제적으로 기대어
사는 젊은이들이 많잖아요. 청년 자립을 위해선 자신의 집을 갖는 게
중요하다고 생각했어요. 부흥 주택은 한국의 수많은 빈집과 청년의
주거 문제를 해결할 수 있는 아이디어라고 생각합니다.」 망원동 부흥
주택은 1970년대에 지어진 공공 주택으로 지금은 100여 가구 중
절반 이상의 가구가 떠나고 관리가 제대로 되지 않아 낡은 곳이다.
이를 지예 씨가 서울시 청년허브가 지원하는 〈공동체기반 청년삶터
프로젝트〉에 당선돼 오늘공작소의 수익 사업으로 만들었다.
재개발이 되면 집을 비우겠다는 조건으로 저렴하게 임대하고 다른
입주 예정자에게 보증금 100만 원에 월세 8만 원으로 재임대하는
식이다. 4~5평 남짓한 공간을 저렴하게 임대해 주는 이유는 입주
예정자가 오늘공작소의 사람들과 공간을 새롭게 고치고 만드는 모든
과정에 참여해야 하는 조건이 있기 때문이다. 귀찮고 어려워하지

않을까 싶었는데 생각보다 입주자들의 반응이 좋다. 자신의 공간을 직접 만들고 삶을 검토하는 시간을 가지게 되어 만족도가 높다고 한다. 사회가 정해 놓은 틀에 연연하지 않고 삶의 기준을 스스로 정하는 행동력 있는 젊은이들이 오늘공작소에 모이고 있다.

50만 원 비즈니스를 비롯해 오래된 집을 덜컥 임대하고 프로젝트를 기획하고 모임을 선도하는 등 선뜻 시작하기 겁나고 복잡한 일들을 지예 씨는 과감하게 해나간다. 누군가에게 의지하지 않고 자신의 삶을 스스로 개척하겠다는 신념이 뒷받침하기에 가능하다. 이러한 행동력은 갑작스럽게 만들어진 게 아니다. 어릴 적부터 궁금한 것도 많고 질문도 많았던 지예 씨는 학교 안에서 답을 찾기 어려웠다고 한다. 이를테면 왜 두발 자유를 할 수 없는지, 학교 규정은 어떻게 만들어지는지 등에 대해 속 시원하게 말해 주는 이가 없었다. 중학교를 졸업한 그해, 스스로 배우고 싶은 것을 선택할 수 있는 대안 학교를 알게 되었고 서울시 영등포구에 있는 하자작업장학교를 고등학교 진학 대신 선택했다. 하지만 창의적인 삶을 살 수 있을 것이라 기대했던 그곳에서도 지예 씨의 궁금증과 고민은 해결되지 않았다. 「하자작업장학교는 2001년 체계적으로 자기 삶을 설계하려는 탈학교 청소년들을 위해 설립된 곳이에요. 대안 학교를 선택한 이유는 학교 교육이 바뀌어야 사회가 바뀐다고 생각했거든요. 졸업 후 사회적 기업에서 5년간 일을 했어요. 하지만 사회적 기업도 이윤을 추구할 수밖에 없는 집단이다 보니 일반 회사와 같은 구조가 만들어지더라고요. 하고 싶은 일을 좀 더 적극적으로 찾기 위해 회사를 그만두고 독서 모임을 시작했습니다.」
당시 함께한 독서 모임의 구성원은 사회적 기업가, 회사원, 대학생 등
직업과 연령대는 모두 다르지만 공통의 관심사가 있었다. 대기업에
다니지 않아도, 돈을 많이 벌지 않아도 행복하게 살 수 있다는 확신을
가진 이들이었다. 안정된 행복도 중요하지만 그보다 꿈이라도 꿀 수
있는 환경을 찾는 사람들이었다.

〈꿈〉. 꿈이라는 것이 언제부터 이렇게 어렵고 야멸찬 단어가
되었는지. 지예 씨는 시대 자체가 암울하여 사람들이 하고 싶은 일만
하며 먹고살 수 없다는 걸 자연스럽게 받아들이고 있는 것뿐이라며
담담하게 말한다. 하지만 그는 이러한 분위기와 달리 하고 싶은
것이 많아서 고민이다. 근데 꼭 하나만 직업으로 선택해야 하는
게 의문이다. 근데 그 해답을 독서 모임을 통해 읽은 책『3만엔
비즈니스, 적게 일하고 더 행복하기』에서 찾았고 이를 실행하고자
오늘공작소를 만들어 활동을 시작한 것이다. 학교에서 가르치지
않는 지식과 지혜를 자발적으로 배우고 터득하며 자신의 미래를
탄탄하게 설계하기 위해서 말이다.

## 어떻게 살아야 할까?

오늘공작소에는 가끔 뜬금없는 손님이 찾아온다. 대부분 30대
초중반의 청년들인데, 무엇을 하고 싶은지, 어떻게 먹고살아야
할지 모르겠다는 고민을 들고 지예 씨를 찾는다. 이런 고민을 지닌
젊은이를 보며 누군가는 무기력하다고 생각할 수 있겠지만 지예 씨는

그 이유를 〈부담감〉에서 비롯된 것이라고 설명한다. 「한국에서는 한 직업으로 30~40년 정도는 일해야 끈기 있는 사람이라고 인정해 주는 경향이 있어요. 평생직장으로 생각해야 한다는 무언의 강요가 부담스러워 선택을 잘 못하는 것 같아요. 이러한 속내를 잘 알지 못하는 분들이 〈요즘 젊은이들은 무기력하다〉라고 말하지요. 사실 인류가 본업 하나로 먹고산 건 근대 이후의 일이에요. 이전에는 농사를 짓고 농한기에는 옷을 짜고, 어떨 때는 나무꾼이 되기도 했잖아요. 지금은 한 가지 일에 전문가가 되지 않으면 마치 낙오자인 것처럼 여겨요. 3년 만에 직장을 그만둘 수도 있고 5년 동안 해오던 일이 어느 날 갑자기 맞지 않다고 느낄 수 있는데 말이죠. 저는 오히려 다양한 분야의 일을 경험해 본 사람이 좋은 리더 겸 창작자가 될 수 있다고 생각해요. 통섭이라는 말이 있잖아요. 여러 분야를 아우를 수 있는 능력, 여기에 상황에 따라 전문가의 손길을 더한다면 못 할 일이 없는 것 같아요.」 자신의 길을 어떻게 만드느냐의 문제지 몇 년 차의 경력은 이제 중요하지 않다고 말이다.

통섭 훈련을 위한 오늘공작소의 교육은 남다르다. 명사 또는 디자이너를 초청해 이글루 망원에서 인문학과 기술을 배우는 워크숍을 진행한다. 청년 자립을 위한 기초 지식이 바로 이 두 가지 교육에서 비롯된다고 믿기 때문이다. 「청년들이 먹고살기 어려운 이유 중 하나가 기술의 부재에 있다고 생각합니다. 학교 교육에서는 몸을 쓰기보다 머리를 굴리는 데에만 집중하는 것 같아요. 기술이 있어야 먹고살 수 있는데, 자급자족하거나 스스로 만들어 낼 수 있는 것이 거의 없는 이유가 이 때문이죠. 인문학은 사회를 바라보고 해석하는 힘이자 주관을 쌓는 힘을 기르는 데 필수 과목이고요.」
인문학 없는 기술은 위험하고 기술 없는 인문학은 초라하기에 이 둘은 톱니바퀴처럼 맞물리며 움직여야 한다. 오늘공작소의 워크숍 중 가장 인기였던 프로그램은 인문학 강의 〈좀비로부터 살아남는 방법〉과 기술 워크숍 〈카고 바이크 만들기〉다. 좀비로부터 살아남는 방법은 문화 평론가 고영직, 시인 진은영 등 일곱 명의 문화 멘토를 초청해 두 달 동안 진행한 프로그램이다. 〈우리는 공유의 비극을 넘을 수 있을까〉, 〈우리는 너무 오래 생각했다〉 등의 제목으로 삶의 중요한 가치에 대해 이야기하고 생각을 나누는 자리였다. 카고 바이크는 배달 프로젝트를 위해 기획한 워크숍이다. 덴마크의 카고 바이크에서 아이디어를 얻어 만든 것인데, 50만 원 비즈니스와 연결해 점심 도시락을 배달하거나 망원 시장에서 대신 장을 봐주고 짐을 싣고 나르기 위해 기획했다. 오늘공작소의 협력자들은 많은 돈을 벌지는 못하지만 배움과 협업을 통해 자신의 아이디어가 현실화되는 것에 만족감과 행복을 느낀다.

자신을 청년 운동가라고 소개하지는 않았지만 지예 씨를 한마디로 표현하는 데 이만한 단어도 없다. 자기 삶과 사회를 바꿔 나가기 위해 스스로 행동하는 젊은이기 때문이다. 이런 그가 지난해 20대 국회의원 선거에서 녹색당의 비례대표 국회의원 후보로 입후보하며 현재 녹색당 정책 대변인과 서울시 청년 정책 위원회 주거분과 위원장으로 활동하고 있다. 청년의 문제는 특정 집단만의 문제가

아니며 이를 해결하기 위해서는 사회의 문제점과 변화를 연결해야

하기에 직접 발 벗고 나섰다. 세상을 바꾸고 싶다는 그의 야심 찬

포부가 조금씩 작은 보폭으로 나아가는 중이다.

# Q&A

망원동에 터를 잡은 특별한 이유가 있나요?

전략적으로 망원동을 선택했어요. 50만 원 비즈니스를 실험하기 위해선
이를 소비해 줄 사람이 있어야 하잖아요. 홍대와 가까워 젊은 예술가들이
많이 거주해 있고 인근에 성미산 마을과 상암 DMC가 있어 여러 가지
프로젝트를 실험하기에 적합했어요. 지금은 망원동이 유명한 동네가
되었지만 이글루 망원이 들어설 때만 해도 임대료가 저렴한 편이었습니다.

코워킹 스페이스 이글루 망원의 운영은 어떻게 하나요? 임대료가 부담될
것 같아요.

이 공간은 건축 공방 〈미용실〉과 함께 리모델링했어요. 워크숍을 할 수
있는 공간이 있고 주방, 욕실, 개인 사무 공간, 다락방 등을 갖춰 부분
임대를 통해 월세 부담을 덜고 있습니다. 월 25만 원에 개인 공간과
더불어 이글루가 갖추고 있는 여러 시설을 사용할 수 있고 다양한 분야의
사람들과 교류할 수 있어 사용자의 만족도가 높은 편이에요.

50만 원 비즈니스는 새로운 걸 시도해 보고 싶은 이들에게 희망적인
프로젝트인 것 같습니다. 하지만 빛과 그림자처럼 단점도 존재할 것
같아요.

모든 사람에게 적용하기란 불가능하다는 것이 단점이죠. 만약 부모를
모셔야 하거나 결혼을 했거나 자녀가 있는 분들에게는 경제적,
시간적으로 어려움이 많을 거예요. 이러한 문제점을 해결해 보고자
시작한 프로젝트가 공동 브랜드 사업입니다. 제가 쾌적하고 넓은 집을
구했는데 월세의 부담을 숙박 비즈니스를 통해 해결했어요. 여기에서
아이디어를 얻어 오늘공작소 사람들이 일감을 공유할 수 있는 부흥 주택

프로젝트를 만들었습니다. 공동으로 돈을 벌 수 있는 방법을 찾고 그 일이 지속 가능하도록 하는 게 목표예요.

부흥 주택에는 주로 어떤 분들이 거주하나요?

대부분 디자인과 예술 분야의 관계자들이 거주합니다. 판화가, 인테리어 디자이너, 시각 디자이너 등이 함께하고 있어요. 이분들은 오늘공작소의 프로젝트 멤버이기도 하고 50만 원 비즈니스를 함께 실험하는 분들이기도 합니다.

고등학교 진학 대신 대안 학교에 다니겠다고 했을 때 부모님의 반응은 어땠나요?

부모님은 저를 믿고 방임하는 편이에요. 대안 학교를 2년만 다니고 대학 입시 준비를 하겠다고 했는데 대학의 필요성을 느끼지 못해 약속을 지키진 못했죠. 자신의 일은 알아서 하는 것이라고 배워서 성인이 되면 당연히 부모님에게 기대지 않고 밥벌이를 해야 한다고 생각해 왔어요.

롤 모델로 삼는 비즈니스가 있나요?

프로젝트마다 달라요. 덴마크의 카고 바이크를 보고 배달용 자전거를 만들었어요. 튼튼한 자전거를 만들기 위해 용접 기술 워크숍을 진행했었죠. 부흥 주택은 일본의 마치즈쿠리(마을 만들기) 지역을 롤 모델로 했습니다. 전통 시장의 소상공인들이 주변 대형 마트에 대응하기 위해 상점가 연합회를 만들어 직접 거리를 정비하고 시장만의 특화된 서비스로 경쟁력을 키운 사례입니다.

지예 씨는 오늘공작소의 대표로서 주로 어떤 일을 하나요?

기획하고 조율하는 일을 주로 하지만 꼭 저만 이 일을 하는 건 아닙니다.

오늘공작소에서는 지시자와 참여자의 구분이 없어요. 다만 각
프로젝트마다 최종 결정권자를 두고 일을 진행합니다. 예를 들어 공간
리모델링의 최종 결정권자는 인테리어 디자이너예요.

하고 싶은 일을 하기 위해 포기한 것이 있나요?

50만 원 비즈니스의 목적과 이율배반적인 얘기지만 여러 일들로 바쁜
생활을 보내고 있습니다. 오늘공작소가 국내에서 보기 드문 프로젝트를
앞서 만들고 있기 때문에 연구하고 배워야 할 것이 많아요. 아직 노하우가
부족하기 때문에 완벽한 단계에 이르기 위해 시간을 투자하고 있는 거죠.
여유가 생기면 영어 공부를 하느라 시간이 빠듯하고요. 하지만 이 바쁜
생활이 전혀 힘들거나 스트레스가 되지 않습니다. 회사에 다닐 때는
월급을 받은 만큼 성과를 내야 하기 때문에 바빴지만 지금은 온전히 나를
위해, 내 만족을 채우기 위해 시간을 쓰는 거니까요.

지금의 청년들은 많은 것을 포기하며 살고 있습니다. 이에 대해 어떻게
생각하나요?

서울시 산하 기관인 서울청년의회에서 〈청년이란 무엇인가〉를 주제로
토론한 적이 있어요. 결론은 〈청년은 없다〉였습니다. 국가에서
청년이라고 정한 나이가 점점 높아지고 있습니다. 만19세부터 29세였다가
지금은 39세까지 범위가 확장됐고 각 정책마다 기준도 다릅니다.
이는 청년들의 자립도가 떨어지고 있다는 증거이기도 합니다. 지금
우리나라에는 청년이 있는 게 아니라 정규직과 비정규직 노동자가 있는
것이고, 노동을 많이 하는 자와 덜하는 자로 나뉘어 있을 뿐입니다.
청년들에게 일자리를 제공하겠다는 정책은 피상적일 뿐 오히려 문제점을
감추고 회피하려는 포장에 불과합니다. 월 88만 원을 버는 청년이 있는가
하면, 연봉 1억 원이 되는 청년도 있는데 이를 단순하게 〈청년〉이라는 한

단어로 묶는 것도 고려해 봐야 해요.

앞으로의 계획이 궁금합니다.

꾸준히 공동의 일감을 만들어 나가는 게 목표입니다. 최근에는 회의 중 〈재생〉이라는 단어가 자주 언급되는데 삶의 재생, 마을 재생 등의 작은 재생들이 모여 사회 전체를 재생시키는 일을 하고 싶습니다.

오늘공작소의 사업 중 하나였던 망원동 부흥 주택 현장. 지금은 재개발 문제로 거주민이 모두 이사했다.

지예 씨가 항상 가지고 다니는 물건.

그가 인상 깊게 읽은 책 『녹색평론』(녹색평론사)과 『가난뱅이의 역습』(이루).

오늘공작소의 코워킹 스페이스 이글루 망원. 이곳에서 일도 하고 밥도 지어 먹을 수 있다.

부흥 주택을 작업실로 사용했던 판화가의 공간.

# 에필로그

진로 고민은 학생 때만 하는 것인 줄 알았습니다. 고민 많은 20대에서 10년이 흘렀습니다. 그런데 30대가 되어서도 그 고민은 끝이 나지 않더라고요. 10년 뒤 40대가 되어서도 저는 또 같은 고민을 하고 있을까요?

더 늦기 전에 이들을 만난 건 다행입니다. 2년여 동안 15팀의 크리에이터들을 만나고 이들의 일상을 살펴보며 얻은 답이 하나 있습니다. 〈천천히 꾸준히 나아가는 것〉입니다. 쉬워 보이지만 절대 쉽지 않습니다. 하고 싶은 일을 하면서 사는 건, 복이면서도 고통스러운 일이라는 것을 이들을 통해 배웠습니다. 그 복되고도 고통스러운 일을 하기 위해 버티고 있는 이들에게 배운 점 중 몇 가지를 정리해 봤습니다.

〈주도권을 갖고 능동적으로 할 수 있는 것 한 가지는 있어야 한다.〉 회사는 능동적인 사람을 좋아합니다. 알아서 일을 찾아야 하고 일일이 지시하지 않아도 상사의 일을 돕고 자기 일도 깔끔하게 처리하는 사람을 좋아합니다. 그렇게 일을 차곡차곡 하다 보면 그렇지 않은 사람보다 좋은 기회를 얻기도 합니다. 하지만 여기에 주도권은 없습니다. (일개 직원의 입장에서) 회사가 좋아하는

능동적인 인간상으로만 지내면 점점 만족감이 낮아집니다. 낮은
만족감은 무기력만 남는다는 말을 미술가 이솔 씨의 이야기에서
한 번 한 적이 있습니다. 무기력은 삶을 피폐시킵니다. 이를 피하고
싶다면 순수하게 자신의 이끌림으로 움직일 수 있는 능동적인 일을
해야 합니다. 당연히 그 일을 회사에서만 찾을 필요는 없답니다.

〈자신의 전공을 어떻게 확장하느냐에 따라 선택할 수 있는 직업의
폭이 넓어진다.〉
맞춤 웨딩 디렉터 하찬연 씨가 이런 말을 했습니다. 〈웨딩 기획을
하고 있지만 디자인 범주에서 벗어났다고 생각하지 않는다. 전공에
집중하는 것도 중요하지만 좀 더 넓게 바라보고 다양한 분야와
전공을 접목해 보며 나만이 할 수 있는 영역을 만들면 좋겠다.〉
청첩장 디자인을 비롯해 무대 연출을 위한 색채 감각과 안목 등이
자신이 전공한 그래픽 디자인과 연결되어 있다고 설명했습니다.
박길종 씨는 순수 미술을 공부했지만 가구와 조형물을 주로 만들고,
조소를 전공한 최윤성 씨는 배를 만듭니다. 언뜻 보면 다른 일
같지만 아이디어를 얻는 방식이나 일을 하기 위해 필요한 기술이
전공과 크게 다르지 않습니다. 저는 공예를 전공했지만 미술, 디자인
관계자들을 인터뷰하고 글로 전하는 일을 합니다. 글쓰기를 해본

적이 없어서 어려움을 겪기도 했습니다. 하지만 그들을 이해하고 공감하는 부분에서는 부족하다고 생각하지 않았습니다. 한 우물만 파는 장인 같은 사람도 필요하고 여러 가지를 이해하며 연결 고리를 찾고 매듭지을 사람도 필요합니다.

〈차갑지도 뜨겁지도 않은 온도를 유지한다.〉
사람들은 〈열정을 가지고 혼신의 힘을 다하라〉는 말을 쉽게 합니다. 혼신의 힘을 다한 만큼 성과를 거두면 좋을 텐데 모든 일이 그렇게 되지는 않습니다. 그런 일이 반복되면 허탈합니다. 〈그건 네가 최선을 다하지 않은 거다〉라고 말하는 이도 있겠지만 그건 상대방이 평가할 일이 아닙니다. 자신이 스스로 묻고 평가하는 것입니다. 저는 몇 번의 회의감을 느끼며 찾은 방법 중 하나가 차갑지도 뜨겁지도 않은 온도를 오래도록 유지하며 일을 하는 것입니다. 이와 비슷한 이야기를 일러스트레이터 최지욱 씨가 했습니다. 기대가 크면 실망도 크기에 감정과 노동을 적당히 나누고, 마음에 상처가 생기지 않게 자신을 지키는 것이 오래 일을 할 수 있는 방법이라고요. 가늘더라도 포기하지 않고 오랫동안 차곡차곡 쌓는 것이 중요합니다.

이 단순하고도 명쾌한 답을 알려준 15팀의 인터뷰이들에게 다시 한번 고맙습니다.

그리고 오랜 시간 묵묵히 저의 원고를 기다려 준 미메시스와 모든 인터뷰 일정을 함께하며 사진으로 기록해 준 디자이너이자 남편 이상필 씨에게도 감사의 인사를 전합니다.

이 책은 실로 꿰매어 제본하는 정통적인 사철 방식으로 만들어졌습니다.
사철 방식으로 제본된 책은 오랫동안 보관해도 손상되지 않습니다.

# 이렇게 살아도 괜찮아

지은이 박은영  사진 이상필  발행인 홍유진  발행처 미메시스
주소 경기도 파주시 문발로 314 파주출판도시  대표전화 031-955-4400  팩스 031-955-4404
홈페이지 www.mimesisart.co.kr  e-mail info@mimesisart.co.kr
Copyright (C) 박은영, 2018, Printed in Korea.
ISBN 979-11-5535-119-2 03300  발행일 2018년 1월 25일 초판 1쇄  2018년 4월 15일 초판 2쇄

이 도서의 국립중앙도서관 출판예정도서목록(CIP)은 서지정보유통지원시스템 홈페이지(http://seoji.nl.go.kr)와
국가자료공동목록시스템(http://www.nl.go.kr/kolisnet)에서 이용하실 수 있습니다.(CIP제어번호: CIP2018001154)